面试组织实施与应试指引

温新民　温波　编著

中国人事出版社

图书在版编目(CIP)数据

面试组织实施与应试指引/温新民，温波编著. -- 北京：中国人事出版社，2021
ISBN 978-7-5129-0372-2

Ⅰ.①面… Ⅱ.①温…②温… Ⅲ.①招聘-基本知识 Ⅳ.①F241.32

中国版本图书馆 CIP 数据核字(2021)第 046827 号

中国人事出版社出版发行

(北京市惠新东街 1 号 邮政编码：100029)

*

北京市艺辉印刷有限公司印刷装订 新华书店经销

787 毫米×1092 毫米 16 开本 15 印张 235 千字

2021 年 3 月第 1 版 2024 年10月第 3 次印刷

定价：58.00 元

营销中心电话：400-606-6496

出版社网址：http://www.class.com.cn

第一章 面试概述

第一节 面试的概念

一、面试的含义

面试，是一种古老而又重要的选拔人员常用方式。近年来，随着国家公务员考试录用制度、事业单位公开招聘制度和国有企业招聘制度的广泛推行，面试这种选拔人员的方式已成为国家公务员、事业单位工作人员以及国企职工考试招聘的一种重要手段，是公开公正、择优选人的关键环节，对保证人员综合素质具有重要作用，越来越受到用人单位的重视。

面试，是测评个人能力、素质的一种考试活动。测评包含着测量与评价两方面的意义。测量是通过科学、客观的手段对人的特定素质进行测定和分析。评价是依据测量出来的结果，按一定的社会标准对测量对象进行评判的过程。具体地说，面试是由组织者依据岗位性质与岗位要求，精心设计若干问题或某种情境，在一定的时间内和特定场合下，通过考官对应试者面对面地观察，与之交谈，从而对其知识、能力、素质、心理、专业技能及求职动机等基本要素进行客观测评的活动。

面试与笔试都是人员测评的方法，两者是互补的，面试能够对笔试无法有效测评的一些要素进行有效测评和补充。面试主要测评应试者以下素质与特点：仪表举止、动机与态度，语言表达能力、综合分析能力、应变反应能力、人际交往能力以及情绪控制能力。通过面试，有经验的考官能够对测评对象的性格、爱好、专业知识与技能等作出较为准确的把握。

二、面试的特点

在各类人员选拔工作中，笔试、面试共同承担着考察人员素质和能力的任务。笔试，是通过笔和纸回答问题。面试，是“面对面”的谈话和解答问题。与笔试相比较，面试具有以下几个显著特点：

（一）面试以谈话和观察为基本方式

谈话和观察是面试的最基本方式。在面试过程中，作为考官，要向应试者提出问题；作为应试者，要对考官提出的问题进行回答。提出问题和回答问题，主要以“谈话”的形式进行。除了“谈话”，考官还要运用自己的感官，特别是视觉，观察应试者的非语言行为。非语言行为，是指人在表达意识和交流思想时的表现及身体动作，主要包括一个人的仪表、风度、手势、体态、眼神和面部表情等。通过对应试者非语言行为的观察，考官可以判断出应试者的行为类型，进而通过外表现象推断其心理动态。因此，面试也被称之为“诊断性面试”。

（二）面试是双向沟通的过程

面试是考官和应试者之间的双向沟通过程。在面试过程中，应试者并不是完全处于被动状态。考官通过谈话和观察来测评应试者，应试者可以通过考官的提问和非语言行为来判断考官的价值判断标准、对自己面试表现的满意度等，以便及时调整自己在面试中的表现。同时，应试者也可以借此机会进一步了解自己应聘的单位、岗位情况等，以此判断自己是否可以胜任。所以说，面试不仅是考官对应试者的测评，也是应试者了解所应聘岗位的时机。

（三）面试的对象具有单一性

在面试时，多位应试者可以同时位于考场之中，但考官并不同时面向所有的应试者，而是逐个观察、逐个测评，即使在面试中引入辩论、讨论，考官也是逐个观察应试者的表现。因而，面试的对象总是具有单一性，也恰恰是这种单一性，确保考官在对众多应试者的测评比较中，寻找到与岗位要求最接近的人选。

（四）面试侧重于对应试者进行素质评定

对面试结果的评定，不是以应试者阐述观点的正确性作为第一位的指标，而是看应试者的整体素质和潜在能力。笔试主要用于对人的知识方面的测评，因此，完全以答案为依据评定应试者的成绩，只要应试者的答案与标准答案一致，不论应试者是怎样答对的，也不论解答方法是否巧妙、熟练，花费的时间多少，都可以得分。面试则与笔试不同，它侧重于对应试者的素质进行评定，依据应试者现场的全部表现，由考官对应试者的素质状况和潜在能力作出评定。在面试中，考官不仅要分析应试者回答的是否正确，而且要看应试者回答问题的灵活性、逻辑性、应变性等。

三、面试的构成

面试作为人员测评的方法之一，它的基本构成包括以下内容：

（一）面试目的

面试是对笔试合格者的进一步测评，目的在于测评应试者能力素质，特别是心理素质、品德素质、个性特征等方面与岗位的匹配程度。简言之，面试目的是测评应试者的基本素质和潜在能力。

（二）测评项目

测评项目也叫面试内容、测评要素，是面试考官所要测评的应试者的素质项目。目前国家录用公务员和事业单位公开招聘工作人员的面试，主要模式是要素分解式，即设想应试者的素质是由多种因素构成的有机体，把这个素质有机体的构成因素列出来，再选择部分因素作为测评项目。

（三）测评标准

测评标准，是衡量应试者素质因素构成是否完整、结构是否优化、功能水平是否够高的参照系。不同性质的面试，其测评标准是不一样的。事业单位公开招聘工作人员就不能完全采用国家录用公务员的测评标准，管理人员与专业技术人员的测评标准也应具有一定的差异性。

（四）测评模式

测评模式，是指考官及应试者互动的基本方式，主要包括考官命题方式、应试者作答方式及考官评定方式。口试形式和模拟操作形式，是面试的两类基本测评模式。

（五）面试试题

面试试题也叫面试题目，是指面试测评过程中考官发出的刺激指令，也是考官对应试者作出一定行为反应的要求。由于面试模式的不同，面试的试题有多种多样的表现形式。例如，在问答式面试中试题表现为“问题”；在讨论式面试中试题表现为“议题”；在演讲面试中试题表现为“讲演题目”；在模拟操作面试中试题表现为“模拟工作任务”“操作要求”等。

（六）面试考官

面试考官，是对应试者素质状况进行测评的评判者。面试考官在面试中地位十分重要，其职责是根据试题，全面了解应试者作答情况并据此对其素质状况作出测评结论。

在国家录用公务员和事业单位公开招聘工作人员面试中，通常要成立考官小组。

（七）面试者

面试者即被测评者，与面试考官共同构成面试活动的主体。面试者与考官之间是被测评者与测评者的关系，既有共同合作的一面，也有矛盾对立的一面。

在国家录用公务员与事业单位公开招聘工作人员面试中，面试者必须是笔试的合格者，参加面试的应试者数量通常是招聘岗位数量的 3 倍。

（八）面试时间

面试时间，是面试活动过程在时间维度上的体现。面试时间的长短，是制约面试结构的重要因素。当其他条件一定时，时间越长，考官和应试者之间信息交流的量越大，对应试者素质状况的了解更全面、更深刻。同时，面试是一种样本测评活动，不可能把时间拖得过长。因此，如何合理确定面试时间长短，以及如何在有限的时间内进行交流、收集更多的信息，是面试组织方需要认真研究的问题。

（九）面试考场

面试考场，是面试活动在空间维度上的体现。面试考场的选择和布置，对测评结果具有一定的影响。任何具体的面试活动，都是在特定时间和空间维度上进行的。面试中，考场就是“面试室”，而在模拟操作面试中，考场的概念是指“模拟情境”，就不仅仅限于室内了。面试考场一般由面试室、候试室、应试者休息室和考务办公室组成。

（十）面试结果

面试结果也叫测评结果，是考官对应试者素质状况和潜在能力作出的测评结论。

面试结果是国家录用公务员和事业单位公开招聘工作人员的重要依据，是面试目的的体现。

四、面试的功能

面试具有以下功能：

（一）考察笔试难以考察到的内容

笔试以文字为媒介来测评一个人的知识能力水平，但人的很多素质特征很难通过文字表现出来，如一个人的仪表风度、口才、反应的敏捷性等。有些素质特征虽然可以通过文字形式来体现，但容易受应试者的掩饰行为或其他原因所影响，而面试可以将应试者不愿表露或无法表达的要素测评出来。

（二）弥补笔试的失误，并有效地避免高分低能现象

有的人在笔试过程中，由于种种原因而没发挥好，如果仅以笔试成绩作为唯一依据，那么一些具备真才实学的人，可能会无法被录用，但如果辅之以面试，这些人所具备的良好素质、较强能力与实践经验便有机会显现出来，以弥补笔试中的不足。笔试存在一定局限性，在笔试中脱颖而出的难免有高分低能者。有些人笔试成绩很高，但面试时却言语木讷，对问题的回答观点幼稚、没有深度；有的则表现出只擅长记忆知识点，分析问题和解决问题的能力以及临场抗压能力很差。

（三）灵活地测评应试者的知识、能力等素质特征

虽然面试是考官和应试者之间的一种双向沟通活动，但面试的主动权主要还是掌握在考官手里。面试测评时考官要专即专、要广即广、要深即深、要浅即浅，具有很大的弹性和灵活性，这样有利于全面测评应试者的工作能力、知识结构等素质。在灵活性这一点上，笔试和心理测验等都不及面试。

从理论上讲，面试只要精心设计、时间充足、组织到位，就可以测评出应试者的任何素质。如果在面试中引入无领导小组讨论、角色扮演、管理游戏等情境模拟手段，可考察应试者的组织能力、领导能力等；如果引入工作演示的方法，还可直接考察出应试者的一些实际工作能力。

【知识链接】

公　务　员

公务员，是指依法履行公职、纳入国家行政编制、由国家财政负担工资福利的人员。

国家实行公务员职位分类制度，以及职务与职级并行制度，根据公务员职位类别和职责设置公务员领导职务、职级序列。

当前，我国普遍采用的国家公务员录用考试就是指国家行政机关录用担任一级主任科员以下及其他相当职级层次的公务员，采取公开考试、严格考察、平等竞争、择优录取的办法。

新录用的公务员，试用期为一年。试用期满合格的，予以任职；不合格的，取消录用。

【延伸阅读】

公务员录用面试组织管理办法（试行）

第一章　总　　则

第一条　为规范公务员录用面试工作，根据公务员法、《公务员录用规定（试行）》，制定本办法。

第二条　本办法适用于各级机关考试录用主任科员以下及其他相当职务层次的非领导职务公务员的面试工作。

第三条　面试工作坚持依法、公平、公正、科学、安全的原则。

第四条　面试由省级以上公务员主管部门组织实施，也可委托省级以上招录机关或授权设区的市级公务员主管部门组织实施。

根据职责分工，人事考试机构可承担面试考务等有关工作。

第五条 组织实施面试应当制定工作方案，明确面试方法、实施步骤与流程、考场设置要求、面试题本命制与管理以及面试工作人员职责等。

第二章 面试试题命制与管理

第六条 省级以上公务员主管部门组织命制或审定面试试题。根据职责分工，省级以上组织人事考试机构承担面试试题命制等有关工作。也可以委托专门机构承担面试试题命制等支持与服务工作。

经中央公务员主管部门委托，中央一级招录机关可以组织命制适合本单位（本系统）的面试试题。

第七条 命制面试试题应制定工作方案，科学设置面试测评要素、试卷结构、试题数量等。测评要素根据招录职位所需能力素质确定。

第八条 试题命制单位应按照命题规范开展试题命制、征集、评审和组配，编制面试题本。

面试题本一般包括面试试题、测评要素、评分参考等内容。

第九条 面试命题人员应当熟悉公务员录用制度和相关政策、命题规范和要求，掌握一定的人才测评理论与技术，具备相应题型的命题能力和水平。

第十条 命题场所应当符合保密工作条件要求。命题时应当使用专用设备，设备和命题素材应由专人保管。

第十一条 面试题本应当在具有国家秘密载体印制资质的单位印制。

第十二条 面试题本应按照统一的规格封装和配发，并严格按照规定的程序和要求进行传递、交接、保管、分发、使用。

第十三条 在面试题本传递、交接、保管、分发、使用过程中，发生失密、泄密以及其他重大异常情况的，应当立即采取有效措施控制事态发展，查清失泄密范围和原因，并向省级以上公务员主管部门报告。

第十四条　面试题本使用完毕，应当及时回收，保存至面试工作结束后，按照国家保密规定进行销毁。

第三章　面试考场管理

第十五条　面试考场应当设置在相对独立、安静、便利的地方，并符合安全管理要求。

面试考场根据需要设置面试室、候考室、备考室、考务办公室等，各区域实行封闭管理。

第十六条　面试期间，禁止在面试考场内使用各种电子、通信、计算、存储等设备，面试组织实施工作必需的相关设备除外。

面试考官、考生和相关面试工作人员应将手机等禁止使用和携带的设备交由指定的工作人员统一保管。

第十七条　面试室应当配备录像或录音设备，对面试过程全程记录。

第四章　面试考官管理

第十八条　面试考官应当具有良好的政治素质，有比较丰富的人事管理、人才测评等方面的经验或具有一定年限的机关工作经历，品行优良，公道正派，自觉遵守法律法规，严守工作纪律，恪守行为规范。

担任面试主考官的，除具备上述条件外，还应当能够讲普通话，口齿清晰，表达流畅。

第十九条　担任面试考官前一般应当参加省级以上公务员主管部门专门培训，培训时间不得少于16学时。培训后，经考试考核合格的颁发面试考官资格证书。

第二十条　省级以上公务员主管部门应当对面试考官参加培训情况、面试场次数量和行为表现以及廉洁自律情况等建档登记；对履职情况进行定期评估。评估结果不合格的，不得继续担任面试考官。

第五章 面试工作人员管理

第二十一条 根据面试工作需要，配备计分、计时、核分、引导、技术保障和安全保障等相关工作人员。每个面试室应当配备1名监督员。

第二十二条 面试工作人员应当具有良好的政治素质、思想品德和较高的业务能力，能够认真履行职责，遵守有关规定，做到廉洁自律。

第二十三条 面试工作人员应当接受必要的培训，熟悉面试工作要求和流程。

第六章 面试考生管理

第二十四条 面试前，应当对考生提交的有关材料和信息的真实性进行复核。凡有关材料和主要信息不实，影响报考资格审查结果的，按照有关规定取消其面试资格。

第二十五条 面试考生应遵守面试考场纪律，服从面试工作人员管理，诚信参加面试。

第二十六条 考生有权事先获知面试相关要求和注意事项，享有知情权和平等竞争的权利。

第七章 面试实施

第二十七条 面试前应当发布公告。面试公告应当载明面试人员名单、报考职位、面试时间、面试地点、联系方式以及其他须知事项。

第二十八条 面试方法以结构化面试和无领导小组讨论为主，也可以采取其他测评方法。

第二十九条 面试时，应当成立面试考官小组。面试考官小组一般由7名考官组成，其中设主考官1名。

第三十条 报考同一职位的考生原则上安排在同一考官小组、使用同一套面试题本进行面试。

第三十一条　面试前，应采取考官和考生抽签的办法确定面试室和面试次序。只有1个面试考官小组的，考官实行差额抽签确定。

第三十二条　公务员主管部门和招录机关应根据职位特点、面试方法和试题情况，合理确定面试时限，确保能够有效测查考生素质。

第三十三条　面试应当按照规定的程序进行。面试由主考官主持，面试考官按照面试题本要求，依据考生表现进行评分并签字确认。

第三十四条　主考官和面试监督员应对本面试室所有考官履行职责和执行考试纪律情况进行监督，并在评分表上签字确认。面试监督员未到面试现场的，不得进行面试。未经监督员签字认可的，面试成绩无效。

第三十五条　工作人员按照规定的计分方法计算考生的面试成绩，并按规定的时间和方式告知考生。

第八章　安全与保密

第三十六条　公务员主管部门和招录机关应当建立健全面试安全工作制度，加强面试相关材料和信息的管理，确保其安全准确。

第三十七条　面试题本及其相关材料按照国家规定的密级进行管理。

面试组织过程中形成的材料（含数据和音像资料等），由专人建档保管，保存至新录用人员试用期满。

第三十八条　考生个人信息应当受到保护。凡涉及考生个人隐私的信息，应当按有关规定严格控制知晓范围，不得面向社会公布。

第三十九条　面试命题人员、面试考官、面试工作人员、面试考生应当遵守保密规定和要求。

第九章　纪律与监督

第四十条　面试考官、面试工作人员和面试命题人员凡与面试考生有公务员法第七十条所列情形的，应当回避。

第四十一条　对于违反面试纪律的人员，由公务员主管部门、招录机关或其所在单位，按照管理权限和有关规定进行处理。

第四十二条 对未按本办法组织面试的，由省级以上公务员主管部门根据有关规定视情节轻重，予以责令纠正或宣布无效。对于宣布无效的，应当重新组织面试。

第四十三条 公务员主管部门和招录机关应当增加面试工作透明度，主动接受考生和社会监督，及时受理信访、举报。

第十章 附 则

第四十四条 参照公务员法管理的机关（单位）除工勤人员以外的工作人员的录用面试工作参照本办法进行。

第四十五条 省级公务员主管部门根据本办法制定本辖区内公务员录用面试工作实施细则。

第四十六条 本办法自发布之日起施行。

第二节 面试的分类

面试的分类形式多种多样，不同性质的招聘采取的面试形式往往不同。

一、根据实施方式分类

根据实施方式的不同，面试分为单独面试和小组面试。

（一）单独面试

单独面试又称单个面试，是指考官与应试者的单独面谈，是面试中最常见的一种形式。单独面试又有两种情况：一是只有一个考官负责整个面试的过程，这种面试大多在规模较小的私企单位，招聘较低职位或临时岗位人员时采用；二是由多位考官参加整个面试过程，这种面试形式是当前国家公务员录用和事业单位公开招聘工作人员普遍采用的形式，也是较大型企业招聘或选拔中高层管理人员或重要职位人员经常采用的面试形式。

单独面试的优点是便于考官集中注意力对一名应试者进行观察、判断。在企业灵活性单独面试中，还有利于面试双方进行比较深入的交谈。

（二）小组面试

小组面试又称集体面试，主要用于考察应试者的人际沟通能力、应急应变能力、组织领导能力等。在集体面试中，通常要求应试者做小组讨论，相互协作解决某一问题，平等地就某一问题展开讨论，或者让应试者轮流担任领导，主持会议，发表演说等。

在小组面试时，应试者自由讨论考官给定的讨论题目，考官们通常坐在与应试者有一定距离的地方，不参加提问或讨论，通过观察、倾听，对应试者进行评分。

二、根据面试进程分类

根据面试的进程，分为一次性面试和分阶段面试。

（一）一次性面试

一次性面试，是指用人单位对应试者的面试集中一次完成。在一次性面试情况下，应试者是否能面试过关，甚至是否被最终录用，就取决于这一次面试的表现。

（二）分阶段面试

分阶段面试又可分为按序面试和分步面试两种：按序面试，一般分为初试、复试与综合评定三步。分步面试是由主管领导与普通工作人员组成面试小组，按照由低到高的顺序，依次对应试者进行面试。分阶段面试各阶段面试的内容不一样，难易程度不一样，其好处是可避免一次面试定成败，有助于更全面、客观、公正地选拔到合适的人才。

三、根据内容标准化程度分类

根据内容标准化程度，面试分为结构化面试、非结构化面试和半结构化面试。

（一）结构化面试

1. 结构化面试简介

结构化面试又称模式化面试，规范性面试或标准化面试，是指在面试前就面试内容、试题构成、测评要素、时间控制、考官组成、实施程序、评分标准、评分方法、分值结构和分数统计等各环节，事先按要求进行系统的规范性设计的标准化面试方式。

通常在面试题目、面试实施程序、面试评价、考官构成等方面都有统一明确的规范要求。考官按照预先设定好的一套试题以问答的方式与应试者当面交谈，根据应试者的言语、行为表现，对其相关能力和个性特征作出相应评价。

在结构化面试过程中，考官必须根据事先拟定好的面试题目逐项测试应试者，不能随意变动面试题目，应试者也必须针对考官提出的问题进行回答，面试各个要素的评判须按分值结构合成。也就是说，在结构化面试中，面试的程序、内容以及评分方式等标准化程度都比较高。面试结构严密，层次性强，评分模式固定。结构化面试虽然是通过考官与应试者谈话的方式进行，但从形式到内容上，它都突出了系统结构的特点，这样的面试方法更为有效、客观、公平、科学。

在结构化面试中，报考同一职位的应试者都要被问到相同的问题，面试的有效性和可靠性比较高。考官对应试者的面试是按同一标准进行的，因此，面试提供结构与形式相同的信息，便于分析、比较，有效避免考官评判的偏差。结构化面试是严格遵循一定的程序（如考官、考场的选择，监督机制与计分程序的设立等）进行的，一般每个应试者的面试时间约为 10~30 分钟。

从近年的实践看，结构化面试较好地体现了公开、公平、公正的原则。目前，全国各地公务员录用、事业单位公开招聘工作人员以及企业职工招聘面试中普遍采用结构化面试，达到了较好的面试效果。

结构化面试的不足是，考官不能进行题日外的提问，限制了谈话的广度和深度，而且由于每个问题都是事先编制好的，从“谈话”的角度来看，可能显得有些不自然，有些问题显得教条呆板。另外，考官长时间只听一个话题，容易产生疲劳和麻木，有可能影响公正打分。

2. 结构化面试的特点

（1）考官组成结构化。结构化面试的考官必须在 3 名以上，国家公务员录用和事业单位公开招聘工作人员面试一般是 5~7 名考官，依据拟任岗位的特点要求，按专业、职务，甚至年龄、性别结构以一定比例科学配置。在面试考官中，确定 1 名为主考官，负责向应试者提问，并主持整个面试。

（2）测评要素结构化。结构以面试对报考同一岗位应试者的测评要素是统一的。要素评判必须按规定的分值结构合成，按同一标准进行，以确保面试方法更为有效、客观公正、科学一致。

（3）评价标准结构化。在结构化面试中，对每一个测评要素都有严格的操作定义和观察要点，并且规定了各个测评要素的评分分值或等级（一般在评分表中分为优、良、中、差4级），从而保证考官们对应试者的评价有统一的标准。

（4）面试程序结构化。在结构化面试中，对报考同一岗位的应试者不仅面试题目相同，而且面试的指导语、面试时间、面试问题的呈现顺序、面试的实施条件都是相同的，从而保障面试过程中的公正、公平。

总之，结构化面试从形式到内容都突出了系统结构的特点，具有内容确定、程序严谨、评分统一、测评信誉度高等特点。它的主要特点是标准化，优点是规范化，缺点是模式化。

3. 结构化面试的要求

作为一种标准化程度高，结构严密、层次性强的面试形式，结构化面试对考官、考场与应试者都具有与其他面试不一样的要求。

国家公务员录用与事业单位公开招聘工作人员的面试，是一种典型的结构化面试，其基本要求如下：

（1）考官必须具备较高素质。面试考官应当具备较高的政治素质和业务素质，以及高度的责任感和使命感。

（2）考官必须经过培训。主考机关要负责面试考官的业务培训，使其掌握面试的内容、方法、操作要求、测评要素、评分标准、面试技巧等。

（3）成立面试考官小组。面试考官小组一般由5~7人或7~9人组成，在年龄上，实行老、中、青相结合；注重专业性，通常吸收人才测评和心理测试专业且有面试经验的人员参加。

省级以上面试考官小组的组成一般由负责考录招聘工作的代表、用人单位的主管领导、业务部门代表和专家学者等组成；市级、县级面试考官小组一般由组织、人事、纪检、监察部门、用人部门，以及相关专业的业务骨干等人员组成。

（4）考场选择应当符合面试要求。根据教育学和心理学原理，考场环境与场景布置，对考试成绩有着很大影响。实践证明，面试考场的选择和布置，直接影响面试效果。因此，一定要按照面试实施的要求，正确选择和布置面试考场。

（5）测评要素应当科学、可行。正确、合理、科学地确定测评要素，是确定面试方法、命制面试试题、实施面试的前提和基础。究竟测试哪些要素，要认真根据招聘岗位的实际状况、测评的可行性来确定。例如：国家录用公务员面试的测评要求主要为政策、理论水平，敬业与求实精神，计划、组织与协调能力，应急、应变能力，语言表达能力以及仪容、仪表、举止等。

事业单位公开招聘工作人员不能完全照搬国家录用公务员的面试测评要素，而应当依据事业单位的性质来确定测评要素。事业单位工作人员的测评要素，应当注意突出职业道德修养、求实与创新意识、专业技能、人际关系协调能力以及语言表达能力。对于从事教育和新闻工作者的人员，仪容、仪表是必须要进行测评的要素。

（6）应试者必须是笔试成绩合格者。在公务员录用考试和事业单位公开招聘工作人员面试中，进入面试的应试者一般要求为招聘岗位数的 3 倍人选，按笔试成绩从高到低排序来确定进入面试的人员，应试者笔试成绩合格是进入面试的前提条件。

（7）面试必须接受监督。监督的目的是保证面试在平等竞争的条件下进行。对面试全过程实施监督，是顺利完成面试工作的保证。一是组织监督，在面试中，请纪检、监察等部门参加；二是新闻舆论监督，新闻舆论单位的工作人员，在不涉及考试密级的情况下有权以适当方式了解和报道面试工作情况；三是应试者监督，应试者是最好的监督者，因其亲身经历了面试的全过程，对面试的程序、考场管理及试题等情况有监督权，主考部门应建立相应的机制（如设立意见箱等），认真听取他们的意见并根据有关规定和程序作出处理。

（8）考务人员与应试者有利害关系的必须回避。国家录用公务员和事业单位公开招聘工作人员面试，都必须充分体现公平、公正的原则，凡与应试者有利害关系的考务人员，特别是考官，面试时必须主动回避。

（二）非结构化面试

非结构化面试即通常所说的随和面试，是对与面试有关因素（程序、内容等）不作统一规定性要求的面试。在非结构化面试中，考官不需要遵循既定的模式，可以完全任意地与应试者讨论各种问题，因此面试可以向多个方向展开。由于没有结构限定，考官可以进行跟踪式提问，对回答作出评价的规范标准也很少规定。这种面试甚至可以说与普通谈话交流差不多。

非结构化面试的最显著优点是：考官与应试者在谈话过程中自然、随意。缺点是：对于不同的应试者考官所提出的问题不一定相同，当多位应试者参加同一岗位的面试时，可能会影响面试的信度和效度。

（三）半结构化面试

半结构化面试，是指只对面试的部分因素作统一要求的面试，是介于结构化面试和非结构化面试之间的一种面试形式。

半结构化面试的方式主要有两种：一种是有多个确定的面试题目，每个应试者按抽签顺序回答问题，所抽的题目不一样；另一种是根据不同的岗位要求设置不同的问题，由考官选择相应的题目进行提问。

半结构化面试的优点是：结合了结构化面试和非结构化面试的优点，兼具结构性和灵活性，能够获取更多的信息，且相对容易组织实施。缺点是：随意性较大，由于应试者抽中的题目难易程度不一样，同时受考官个人经验等影响较大，因而信息的准确性可能会打折扣。

四、根据测评效度分类

根据面试的测评效度，分为情境模拟面试、行为面试和压力面试。

（一）情境模拟面试

1. 情境模拟面试简介

情境模拟面试，是指根据应试者报考的岗位，编制与该岗位实际工作情况相似的测试项目，将应试者安排在模拟的工作情境中，给出可能出现的问题，从而测评其心理素质、潜在能力的方法。

情境模拟面试是面试形式发展的新趋势。在情境模拟面试中，突破了常规面试中考官和应试者一问一答的模式，引入了无领导小组讨论、公文处理、角色扮演、演讲、答辩、案例分析、实际操作等人员甄选的情境模拟方法。情境模拟面试也可以是结构化的情境模拟面试，考官使用预先确定的情境进行提问。情境模拟面试的具体方法灵活多样，模拟性、真实性强，应试者的才华能得到更充分、更全面的展现，考官们对应试者的素质也能作出更全面、更深入、更准确的评价。因此，这种面试具有针对性、真实性、可信性，能客观反映应试者的实际工作能力，避免高分低能现象，有助于实现人岗相宜。

情境模拟面试是人员测评中应用较广的一种方法，主要测试应试者的各种实际能力。考官通过对应试者在情境中所表现出来的行为进行观察和记录，以测评其素质潜能，评判其是否能适应或胜任工作。情境模拟面试的试题，要求应试者用实际操作性行为（语言行为——如讲解、讨论等；动作行为——如动手工作、形体动作等）来表现其素质潜能。

2. 情境模拟面试的特点

（1）针对性。由于面试模拟的环境是招聘岗位的工作环境，测试内容又是某项实际工作，因而具有较强的针对性。

（2）真实性。真实性表现为应试者在测验中所做的、所说的、所写的，与招聘岗位的工作有最直接的联系，犹如一个短暂的试用期，使其工作状态一目了然。

（3）可信性。由于测试模拟实际情况，考察的重点是应试者在工作中分析和解决实际问题的能力，便于观察了解应试者是否具备应有的素质和潜能，因此比笔试和其他面试形式更具有可信性。

上述特点也派生了情境模拟面试的局限性，主要表现为测试的规范化程度不易把握，效率较低，同时对考官素质的要求较高，测评的成本也较大。

3. 情境模拟面试的作用

（1）为考察应试者的业务能力提供依据。从一些地方公务员录用和事业单位公开招聘工作人员的实践来看，无论是测试的内容，还是测试的方式，情境模拟面试较之笔试和面试答辩更接近工作实际，在考察应试者业务能力方面发挥着难以替代的作用。

（2）有利于避免高分低能现象。情境模拟面试注重于实际业务能力的考察，考察的标准是依据实际工作的要求拟定的，这决定了情境模拟面试不仅能够为实践经验丰富、具有实际工作能力、胜任工作的应试者提供“用武之地”，而且可以避免笔试成绩较高而实际业务能力差的应试者入围。

（3）为具体工作岗位的安排提供依据。实践表明，应试者在情境模拟面试中表现出的个体能力差异，与他们的实际工作能力密切相关。应试者在测试中取得较好成绩，往往在实际工作中的能力也较强，反之亦然。因此，情境模拟面试的结果一般都被用人单位作为安排人员具体工作岗位的重要依据。

4. 情境模拟面试的主要方式

情境模拟面试的主要方式分为：

（1）文件处理模拟。

（2）工作活动模拟。

（3）角色扮演模拟。

（4）现场作业模拟。

（5）会议或法庭模拟。

（二）行为面试

行为面试也叫行为描述性面试，是指应试者对有关自身以往行为的提问作出回答，考官据此来推断其未来工作绩效的一种面试方法。在这种面试中，考官围绕假设的情境或情节反复向应试者提问一些与工作相关的问题，如“你在大学学习时最喜欢哪些课程？”“你认为你的性格特征适合做什么岗位的工作？”等，以便就该应试者未来承担工作的能力得出结论。

行为面试过程分为：（1）面试前查看简历、收集应聘人信息、有针对性设计问题。（2）制订面试计划。（3）开始面试。（4）得出面试结论。

（三）压力面试

压力面试，是有意制造紧张，以了解应试者将如何面对工作压力的面试形式。考官采用穷追不舍的提问方法，对某一事项或问题连续向应试者发问，使所提问题逐步深入，难度增加，致使应试者可能难以回答甚至无法回答。在压力面试中，应试者常常被考官提问得很不舒服，这种面试的目的就在于测试应试者在压力面前的抗压能力，了解应试者的机智和应变能力，测评应试者在压力情况下是否会恼怒和意气用事。

在压力面试中，考官可能从面试开始就对应试者施加压力，而且常常是“踏着应试者的痛处”进行提问。在国家公务员录用和事业单位公开招聘工作人员面试中经常采用压力面试。

五、根据组织方式分类

根据面试的组织方式，分为无领导小组讨论面试和结构化无领导小组面试。

（一）无领导小组讨论面试

1. 无领导小组讨论面试简介

无领导小组讨论是指由一组应试者组成一个临时小组，按照给定的问题引发讨论，并作出决策。这个小组是报考同一岗位的应试者，并不指定召集人，目的在于考察应试者的综合表现，尤其是看谁会从中脱颖而出，但并不是一定要成为小组领导者。无领导小组讨论面试一般用于对沟通能力、协调能力、组织能力要求较高岗位和中层以上领导岗位人才的选拔。

无领导小组讨论面试，是采用情境模拟的方式对应试者进行集体的面试。它通过给一组应试者（一般是 5~7 人）一个与工作相关的问题，让应试者们进行一定时间（通常 1 小时左右）的讨论，来检测应试者的组织协调能力、语言表达能力、辩论能力、说服能力、情绪稳定性、处理人际关系的技巧、非言语沟通能力（如面部表情、身体姿势、语调、语速和手势）等各个方面的能力和素质是否达到岗位的用人要求，以及应试者的自信程度、进取心、责任心和灵活性等个性特点和行为风格是否符合拟任岗位的团体气氛，由此来综合评价应试者之间的优劣。

在无领导小组讨论面试中，考官可以不给应试者指定特别的角色（不定角色的无领导小组讨论面试），也可以只给每个应试者指定一个彼此平等的角色（定角色的无领导小组讨论面试），但都不指定谁是领导，也不指定每个应试者应该坐在哪个位置，而是让所有应试者自行安排、自行组织。考官只是通过安排应试者的活动，观察每个应试者的表现，来对应试者进行评价。

2. 无领导小组讨论面试的特点

无领导小组讨论面试最显著的特点就是没有领导，能真实地考察应试者的价值取向、思维模式、语言表达能力。应试者有平等的发挥机会，容易表现出个人之间的差异。这种面试对考官能力要求高，容易出现考评小组对同一应聘者考评结果差异较大的情况。应聘者的气质类型和经验可能影响其真实能力的发挥。具体来说有以下特点：

（1）为应试者搭建表现舞台。无领导小组讨论面试能够充分体现情境测评方法的特点：对应试者是“如何做的”进行评价，而不是对“如何说的”进行评价。无领导小组讨论面试为应试者提供了一个具体的问题情境，能使他们在一个动态的情境中表现出更多、更真实的行为。

（2）为考官提供科学全面的观察和评价平台。无领导小组讨论面试可以创设应试者之间平等的相互作用的情境，这样应试者的特点会得到更加淋漓尽致的表现。考官通过应试者在小组中的讨论表现，可以观察其在与他人交往时的能力和特点，以及在团队工作中的风格。这些特点都是在其他测评方法中难以考察到的。

（3）贴近实际工作，表面效度高。无领导小组讨论面试中使用的情境大多是与应试者将要从事工作相关的典型情境。这种测评方法的表面效度高，由于与实际工作能力密切相关，应试者们非常容易接受，愿意在测评过程中积极努力地表现出自己的能力水平，这种接近真实的情境便于对应试者的实际工作中表现作出较为精准的预测。

（4）考察内容广泛，获取的信息更多。无领导小组讨论面试可以考察的维度比较广泛，既可以考察沟通、团队合作、组织协调等能力，又可以考察逻辑思维能力、分析能力、创造性能力等方面的素质，还可以考察自信心、情绪的稳定性，工作风格等特征，应用的领域比较广泛。无领导小组讨论面试为应试者提供了充分展现其行为的舞台，能帮助考官得到大量有关应试者能力、个性特点的信息。

（5）编制题目的难度比较高。无领导小组讨论面试对题目要求较高，题目的好坏可能会直接影响对应试者评价的全面性、准确性。无领导小组讨论面试的题目需要根据岗位要求的胜任力特征进行编制，而且要与实际工作情境有一定的关联。这些题目必须有利于激发应试者的行为表现，并且使应试者能够表现出个体差异。题目应该是具有公平性的，尤其是在定角色的无领导小组讨论面试中，各个角色不应存在明显的优劣难易之分。因此，要想编制出符合上述要求的高品质题目并不是一件容易的事情。如果使用的题目不好，测评的质量就会大打折扣。在编制题目时，往往需要专家充分了解测评岗位的工作情境，设计出来后经过测试和修改后方可正式使用。

（6）应试者的分组以及不同的测评情境都可能影响测评结果。对同一个讨论题目，不同的小组讨论的气氛和基调可能完全不同。有的小组气氛会比较活跃，具有挑战性，而有的小组则气氛比较平静，节奏比较缓慢，甚至显得死气沉沉。应试者的评价结果是在与其他应试者的比较中得出来的，因此，不同的分组或不同的测评情境对测评效果的影响是不一样的。

3. 无领导小组讨论面试的适用范围

作为一种情境测评方法，无领导小组讨论面试有自己适宜测评的要素范围及特定功能。无领导小组讨论面试的目的是通过对某一特定问题的讨论，就应试者的某些能力和特点进行考察。无领导小组讨论面试适合考察的能力和特征主要包括以下方面：

（1）应试者在团队中工作与他人发生关系时所表现出来的能力。这种能力主要有语言和非语言方面的沟通能力、辩论说服能力、组织协调能力、合作能力、影响力、人际交往意识与技巧、团队精神等。

（2）应试者在处理实际问题时的思维能力。主要包括应试者的理解能力、分析能力、综合能力、推理能力、想象能力、创新能力、对信息的探索和利用能力等。

（3）应试者的个性特征和行为风格。主要包括应试者的动机特征、自信心、独立性、灵活性、决断性、创新性、情绪的稳定性等，另外还包括考虑问题时喜欢从大处着手还是关注细节，喜欢较快地作出决定，还是喜欢不受最终目标的限制广泛地考虑各种因素，是否喜欢在活动开始时设定行动目标和计划等。

无领导小组讨论面试具有生动的人际互动性，应试者需要在与他人的沟通和互动中表现自己，考察的维度也多与人际交往有关，如语言表达能力和人际影响力。因此，无领导小组讨论面试适合那些经常与人打交道岗位的人员选拔，如中、高层管理人员，人力资源部人员和从事销售的人员等，而对于较少与人打交道的岗位，如财务和科研岗位，并不十分适合无领导小组讨论面试。

无领导小组讨论面试是一种技术性要求很高，设计成本高，实施中费时又费力的测评方法，一般适用于中高级管理人员的测评和选拔。

（二）结构化无领导小组面试

1. 结构化无领导小组面试简介

结构化无领导小组面试也叫结构化小组面试，应试者 3~5 人一组进行面试。结构化无领导小组面试结合了结构化面试和无领导小组讨论面试的特点，以结构化题目为主，增加了应试者之间点评互动的环节。由于考场情况的不可预测性，这种考试要求应试者控场能力更强、表达更有深度、思维更有广度、交流更有温度，是一种新颖、科学、合理的面试形式。

2. 结构化无领导小组面试组织形式

（1）应试者备考。所有进入面试候考区的应试者自主进行机选，划分小组并确定自己在小组内的序号，一般每个小组为 3 人。应试者提前在场外候考室进行思考，3

道题目看题思考时间一般为 10~15 分钟，4 道题目一般为 15~20 分钟，5 道题目一般为 20~25 分钟，剩余 3 分钟时有提醒。组织人员严格计时，提供草稿纸和笔，计时结束之后，只允许应试者携带草稿纸，以小组为单位，根据抽签顺序依次进入现场。

（2）题目作答。形式一：第一题由 1 号应试者优先作答，然后 2 号、3 号应试者依次作答；第二题由 2 号应试者优先作答，然后 3 号、1 号应试者依次作答；第三题由 3 号应试者优先作答，然后 1 号、2 号应试者依次作答。每个应试者都将完整作答所有题目。形式二：每个人都作答完成 1 道题。假设有 3 位应试者面试，1 号应试者回答第一题，2 号、3 号应试者分别针对 1 号答题进行补充；2 号应试者回答第二题，3 号、1 号应试者分别针对 2 号应试者答题进行补充；3 号应试者回答第三题，1 号、2 号应试者分别针对 3 号应试者答题进行补充。

（3）点评互动。每一位应试者都需要对其他两位应试者的整体表现进行限时点评，被点评的应试者需要作出回应，回应同样需要限时完成。

3. 结构化无领导小组面试特点

（1）面试难度增大。结构化无领导小组面试的难度体现为，对应试者答题时的心理抗压能力要求更高。不仅要求应试者要有极强的职业核心能力，还要有很强的心理调适能力以及抗压能力，面对其他应试者对自己的点评要自然应对，在点评别人过程中要注意说话方式、措辞及个人素质。

（2）横向对比更加突出。更容易体现应试者思维的深度、广度以及分析解决问题的能力。对于考官来说，大家互相之间的表现更加直观明了，更容易进行人才的选拔，同时对考官的综合素养和人才测评知识要求更高。

（3）综合能力要求更高。由于考场情况的不可预测性，这种面试形式不仅要求应试者具有极强的分析解决问题能力，还要求应试者控场能力更强，作答内容更有深度，思维更有广度，交流更有温度。

六、根据表现形式分类

根据面试的表现形式，分为文件筐测验和演讲面试。

（一）文件筐测验

1. 文件筐测验简介

文件筐测验通常又叫公文处理测验，是情境模拟测试的一种。它模拟实际工作中管理人员分析资料、处理信息以及作出决策的一系列活动。测验时，要求应试者以管理者的身份，模拟真实工作情境中的思维理念、行为习惯，在规定条件下（通常是较紧迫困难的条件下，如时间与信息有限、独立无援、初履新任等）对各类材料与事件进行处理，形成处理报告。由于被测试者所用的各种分析材料、信息资料通常是放在文件筐（或公文筐）中的，因此这种面试形式也称文件筐（或公文筐）测验。

文件筐测验的一般做法是让应试者在限定时间（通常为 1~3 小时）内处理事务记录、函电、报告、请示及有关材料等文件，内容涉及人事、资金、财务、工作程序等方面。一般只提供日历、背景介绍、测验提示和纸笔，应试者在没有他人协助的情况下回复函电、草拟文件、处理公文、安排会议。除了根据书面结果评分外，还要求应试者对其处理问题方式作出解释，根据其思维过程予以评分。文件筐测验流程如图 1-1 所示。

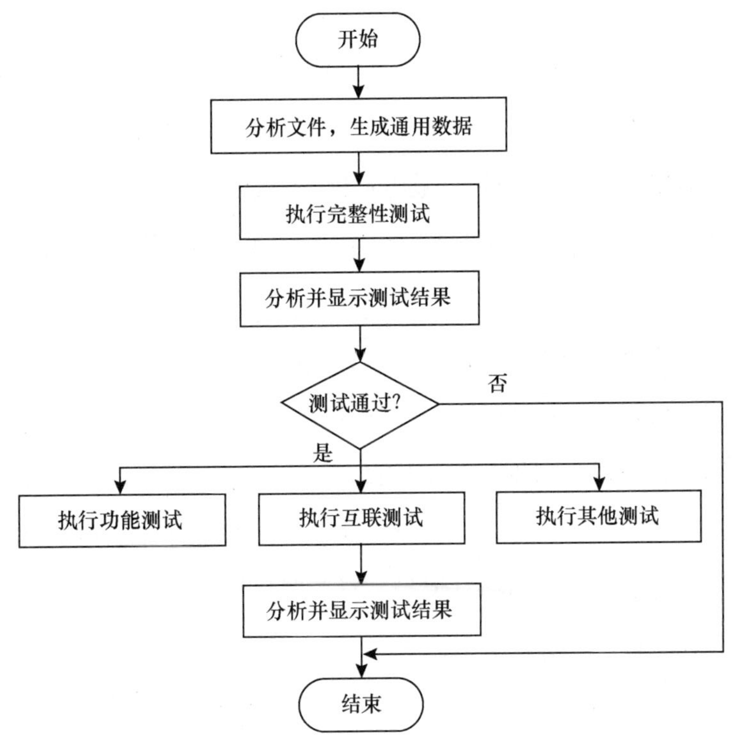

图 1-1　文件筐测验流程示意图

2. 文件筐测验的特点

文件筐测验是国外人才测评中常用的方法，具有考察内容范围广、表面效度高的特点。目前，在一些地方公务员录用和事业单位公开招聘面试中开始运用。主要特点为以下几个方面：

（1）考察的内容范围广。作为纸笔形式的文件筐测验，测评应试者的依据是文件处理的方式效度、质量及理由，是静态的思维结果。因此，除了那些必须通过实际操作的动态过程才能体现的要素外，任何背景知识、业务知识、操作经验以及能力要素都可以涵盖于文件之中，通过文件处理，实现对应试者素质的考察。

（2）测试的表面效度高。文件筐测验所采用的文件十分接近应试岗位中常见的文件，有时甚至是完全真实的文件。因此，若应试者能妥善处理好这些文件，就理所当然地被认为已经具备岗位所需的素质。

（3）评分比较困难。对于一份文件的处理，除了个人素质的原因外，架构、氛围、管理观念等不同的组织，具有不同的评价标准。政府机关，私营企业及国有企业之间对有关文件的处理在评判标准上是不一样的。在现实生活中，广大的应试者往往缺乏对招聘单位管理理念的深入了解，参加国家公务员录用或事业单位公开招聘考试的应试者大多为没有工作经历的大学生，对于文件如何处理才能充分表明自身的素质，往往存在理解上的差异。因此，这种测验的评分不容易把握准确。

（4）费时不经济。文件筐测验的设计、实施、评分都需要较长的时间，投入的精力和费用比较大。

3. 文件筐测验的构成

文件筐测验由测验材料和答题册两部分组成。

（1）测验材料。测验材料即提供给应试者的资料、信息，以各种形式出现，包括信函、备忘录、投诉信、财务报表、公函、账单、上级工作报告等。测验中所用的材料一般有十几份，每份材料上均标有编号。材料是随机摆放在文件筐中的，应试者根据自己的理解和经验对材料进行取舍。

（2）答题册。答题册供应试者针对材料，写出处理意见或回答指定问题，是应试者唯一能书写答案的地方。评分时只能根据答题册上的内容进行计分。答题册包含总指导语和各个分项测验的指导语，它提供了完成测验所需的全部指导信息。

（二）演讲面试

1. 演讲面试简介

演讲面试是运用有声语言和态势语言向听众发表意见、阐述见解、说明事理、抒发情感的信息交流活动。演讲面试分为即兴演讲和规定题目演讲。演讲面试一般适用于岗位调整、领导干部选拔。演讲面试在国家公务员录用和事业单位公开招聘工作人员的面试中经常出现，重点考察应试者的语言表达能力、现场适应能力和综合知识运用能力。考官从应试者的演讲中，考察了解其是否具备与报考岗位相匹配的能力、个人品质和心理素质。应试者通过自己的演讲，使其内在气质和性格外化，也就是通过语言行为和非语言行为表现出能力和个人品质。一般来说，应试者的心理素质、知识水平、理论修养、语言表达能力、工作能力、应变能力、仪表气质、价值取向等都能在面试过程中直接地反映出来。

2. 演讲面试与一般演讲、答辩的比较

（1）三者既有相同点，又有差异。不管是演讲面试、一般演讲还是答辩，其本质上都是说话者试图使对方认同或接受自己的观点和主张，但具体目标又各不相同。演讲面试主要是以争取职位为中心，采用与之相关的材料和话题进行交流。一般演讲是以灌输思想为主要手段，其目的是感染听众、感召听众并使他们行动起来。答辩是审查论文的重要形式，作者阐述论据对论点的支撑性，通过答辩使自己对所论论题有更清楚、深刻的认识，使论文内容更确切、更完善。

（2）三者在准备、设计阶段大同小异。不管是一般演讲、演讲面试还是答辩，在实施之前都必须经过精心的准备，如材料、结构、修辞、表现手法等，在表达方式上的一致性决定了三者在以上程序的各阶段趋于一致。

（3）三者在实施过程中采用的表现手法、修饰手法基本一致。三者都主要依靠有声语言、肢体语言并结合自己的思想感官试图将思想灌输给对方并感召对方。演讲面试可以从一般演讲和答辩中借鉴一些有用的知识。因此，演讲面试的优点是能够更方便、更直接地观察了解应试者的口才、思辨和逻辑等各方面能力，信息量大、观察面广、可操作性强。

3. 演讲面试的内容

演讲面试的内容主要有两种：非指定题目演讲和指定题目的演讲。例如自我介绍

式的演讲，就是一种非指定题目的演进。演讲要传递的信息：一是让考官全方位了解自己，包括工作经历、学历、爱好、志向等；二是通过演讲展现自己的语言表达能力、逻辑思维能力和仪态形象。指定题目的演讲，考察的重点是应试者的应变能力、理解能力、思维能力、解决问题能力。指定演讲面试的题目可以说是五花八门，但基本都是以应试者为核心展开的，如“我最讨厌的坏毛病”“假如我只有三天的生命”“我最崇拜的人”“中国梦，我的梦”等，但也可能是一些比较常规的题目，如“执行力的重要性”“行政机关人员掌握公文写作方法的重要意义”“工作中处理人际关系的重要性”“创新能力与创新团队建设的重要性”“谈谈对权为民所用、情为民所系、利为民所谋的理解”等。无论是哪种类型的题目，都要求应试者随意地抽取一个题目，在2~3分钟的时间内将自己的演讲稿准备好。

4. 演讲面试的基本要求

（1）了解对象，把握试题。演讲面试是考察应试者素质能力的一种方式，面对的“听众”是考官。因此，演讲面试首先要了解“听众”对象，了解他们所关心的问题是什么。应试者对试题的回答是考官们最为关注的问题，因此，应试者必须在演讲中紧扣试题题目和要求，明确演讲的目的和内容，千万不能脱离题目而慷慨激昂、天花乱坠地发表演讲。

（2）观点鲜明，感情真挚。演讲面试观点要鲜明，应试者对一种理性认识的肯定，对客观事物见解的程度，能给人以可信感和可靠性。演讲观点不鲜明，就缺乏说服力，就失去了演讲的作用。演讲要有真挚的感情，才能打动人、感染人，有鼓动性。因此，在表达上要注意感情色彩，把说理和抒情结合起来，既有冷静的分析，又有热情的鼓动；既有所怒，又有所喜；既有所憎，又有所爱。

（3）精准表达，运用语言。演讲面试是在特定的时间、空间与情境环境下进行的，因此，语言的运用对演讲的成败至关重要，这里包括语言、语调、情感和体态语言等因素。演讲一定要使用普通话（少数民族地区的特殊要求除外），根据准备的演讲词，讲求节奏，控制和调整好速度、语调。同时，协调好肢体语言的表现。肢体语言无声胜有声，在演讲中正确把握肢体语言的运用能起到锦上添花的作用，具有更强的感染力。演讲中，应兼用目光、手势、姿势等，尽可能清晰、准确、淋漓尽致地表达演讲内容。

5. 演讲面试成功的标准

一般来说，应试者演讲成功的标准应当是：紧扣试题，从容不迫；思路清晰，层次分明；语言流畅，逻辑性强；声音洪亮，抑扬顿挫；观点明确，内容新颖；动作自然，少用口语；事实说话，以理服人；目光交流到位，肢体语言恰当。

总之，演讲面试要尽量做到：充分利用准备时间审题并草拟简要的作答提纲；以提纲为主线，紧紧围绕主题作答，重点突出；实事求是，力求客观，同时要随机应变，灵活发挥；语言得体，表意清楚；作答内容要有头有尾，思路清晰，观点正确，结论明确；演讲不超时。

七、教师招聘面试中的说课和讲课

（一）说课

说课是指教师口头表述具体课题的教学设想及其理论依据，是授课教师在备课的基础上，面对同行、教研人员或考官，讲述自己的教学设计，然后由听者评说，互相交流，共同提高的一种教学研究和师资培训活动。简单地讲，说课就是口头阐述“课堂教学的内容是什么、怎样设计和为什么进行如此设计的原因”等问题。

在教师招聘面试中，采用说课形式进行面试，可以反映出应试者的教学能力、备课质量、课堂教学效率等，以便考官进行系统的评价。

（二）讲课

讲课是通过现场课堂教学实践来体现教学设计、教学分析与教学技能，讲述的对象是学生，且听课人数和场地受到严格限制，重点在讲述、解疑，重视具体教学内容安排。说课和讲课的不同在于，说课是指教学的设计及其分析，属于教学研究范畴，讲课是指教学的设计及其分析的实施，属于课堂教学范畴。

在教师招聘面试中，采取讲课方式进行面试，旨在通过模拟的课堂教学，考察应试者的言语表达、时间分配等具体的教学能力。

【延伸阅读】

◆以“自觉”为题演讲：

万事贵在自觉

尊敬的各位考官：

大家好！

我从基层抽调到政府办公室工作以来，总有种特别的感受。在这里，大家待人接物文明礼貌，解决问题积极主动，办理文档秩序井然，加班加点从无怨言。说实在话，刚来的时候我还真有些不适应。在后来的工作当中，我适应了这里的工作氛围，学到了很多知识和经验。我常想，作为“大家庭”的政府办公室，它的与众不同到底在哪里？在一次会议上，机关党组郭书记的一句话点醒了我，郭书记说：“自觉是什么，就是女同志每天出门的时候都不会忘记照照镜子，化化妆。”——就这么简单！在办公室这个大家庭里，每个家庭成员在办理事务时都应该在意自己的形象，“照镜子”的过程就为一种自觉，这样共同“梳理”出来的就是良好的政府形象，感染我的正是同事们这种自觉的精神状态。

自觉是自身素质的体现，它可以使人向上，使人追求，使人明智，使人高尚，使人纯洁和净化，能把人引向一个优美的境界。

自觉是我们为人处世、干好工作的力量源泉和保障，是一名国家公务员应该具备的基本素质。我们通过学习获得知识，通过对知识的运用来开展工作，通过工作来反哺社会等，无一不需要自觉。

自觉理念的建立，是人生观、世界观的升华。一个人从启蒙教育到获得知识，丰富大脑，进而树立正确的人生观与世界观，自觉是第一位的。因为学习要有自律，这是自觉行动的保障。法律规则、道德准则是规范社会生活的尺子，需要社会成员的自觉遵守，自觉本身就是一种对规范的执行和发扬。没有自觉意识的存在，我们就会消极懈怠，被动听从，工作就会得过且过，失去原则，随波逐流，一事无成。

自觉成就未来。“人是人的未来”，只有在自觉中不断地超越，才能向着“成为你自己”的目标不断奋进。奥斯特洛夫斯基在《钢铁是怎样炼成的》一书中写过这样一句话：“人的一生可能燃烧，也可能腐朽。我不能腐朽，我愿意燃烧起来。”燃烧的精神就在于全身心自觉无私地奉献。只有自觉无私地奉献，才能在奉献的过程中找到自己的人生坐标，才能热情关心千百万人民的冷暖疾苦，才能在为人民服务的无私奉献中燃烧自己，才能最终在人民心中找准自己的位置。

自觉是成功的引擎，是成就的需要。我将时刻自觉自勉，在学习、生活前进的过程中不断深化自觉、创新自觉，让自觉成为人生不朽的指南。

生命的长短无关紧要，紧要的是生命的品位。只有壮怀激烈、自觉奋发、敢于搏击的人生才会永放光芒。

◆以“诚信”为题演讲：

以诚为本　以信为天

现在中国渐渐地走向富裕了，因此诚信问题一下子就凸显出来。我们身边几乎充斥了各种不诚信的企业和个人，各种欺骗行为，如给馒头里放点洗衣粉，给猪喂点瘦肉精或多多注水，给甲鱼、鳝鱼喂点避孕药等，让人叹为观止。各种企业的虚假广告，更是层出不穷。为什么诚信突然缺失，而我们如此迫切地呼唤诚信？

“人，以诚为本，以信为天。”没有诚信的人生活在世上，就如同一颗飘浮在空气中的尘埃。只有以诚信来做人处世，才能在社会上立足，才能在事业上有所发展，才有光明的前途。“出淤泥而不染，濯清涟而不妖”的周敦颐，告诉了我们要洁身自好；“路漫漫其修远兮，吾将上下而求索”的屈原，启迪我们要勇于追求；“言必信，行必果”的孔子教育我们要诚实守信。

"路遥知马力，日久见人心"，诚信不是一时半会儿就能体现出来的，它需要我们用时间去鉴定，用行动去证实，用事实去认可。诚信，是黑暗里的一点光，是悲痛中的一个安慰，是挣扎中的一个奇迹。韦伯斯特说过："人们在一起可以做出单独一个人所不能做出的事业；聪明、双手、力量结合在一起，几乎是万能的。"诚信给予了我们这些，我们的成功源于诚信。因为有诚信，我们的手紧紧相牵；因为有诚信，我们热烈地拥抱在蓝天下；因为有诚信，我们的心一起飞扬，相识、相知、相依，筑就了我们美好的生活。

"身不正，不足以服；言不诚，不足以动。"这不仅是我个人的追求，也是奉献者处事的原则，更是千千万万中国人坚定不移的信念。人生永远的彩虹是诚信，人世间有百媚千红，我独爱诚信这一种！

诚信是个人成功的基石，是社会发展的动力，更是我们生生不息的民族之魂！

第三节　面试的内容

一、面试测评要点

在面试过程中，并不是测评一个人的所有素质，而是有选择地去测评通过面试这种方式最易于测评出来的内容。面试测评的内容主要是个人的基本知识、能力、个人特征以及综合素质。在国家公务员录用和事业单位公开招聘工作人员的面试中，主要测评以下方面的内容：

（一）知识结构

知识，是指人的头脑中所记忆的经验和理论，或者说是头脑中以概念及其关系的形式存储的信息。从人力资源所具备的能力及其运用的角度看，知识可以分为三个部分：一是基础知识或基本知识，它反映了一个人的一般文化水平；二是专业知识，它代表了一个人接受教育等级的程度；三是工作知识，它体现着一个人的职业技能操作水平、工作的经历与经验。优秀的工作人员应当具备良好的知识结构，即广博的基础知识、精湛的专业知识和丰富的工作知识有机结合。在国家公务员录用和事业单位公开招聘工作人员的面试中，考察应试者的知识结构，应着重考察专业知识。

（二）能力结构

能力，是指人顺利完成某种行为活动所具备的心理特征。从广义上来说，能力是指人们认识、改造客观世界和主观世界的本领；从狭义上来说，能力是指人们胜任某种工作的主观条件。

我们通常所说的能力，是指一个人在进行一般活动过程中所表现出来的观察能力、理解能力、分析能力、创造能力、控制情绪能力等。不同的人在能力的不同方面发展的水平也不相同，因此要把不同能力的人放在相应的岗位上，使之在岗位上发挥特长，实现其价值的最大化和最优化。

国家公务员录用和事业单位公开招聘工作人员面试，除了考察应试者的品德之外，最多考察的就是能力。在面试中，对应试者能力结构的测评，主要体现在综合分析能力、人际沟通能力、组织协调能力、应变能力、领导力与执行力、情绪控制能力、语言表达能力、逻辑思维能力、自我认知能力等多个方面。

1. 综合分析能力

综合是在头脑中将事物的各个部分或各种特征联合为整体的思维过程。分析则是在头脑中将事物的整体分解为部分的思维过程。综合和分析在思维活动中起着重要作用，是思维和智力表现的重要形式。国家公务员和事业单位工作人员在日常工作中，经常涉及对问题的理解、把握和对事物之间矛盾关系的认识与协调处理。特别是公务员，在处理公务时，常常会同时面对许多材料、事务，这就需要对此加以归纳、分析，并分清主次、轻重缓急，把握好“度”。综合分析能力对于国家公务员和事业单位工作人员履行岗位职责发挥着极其重要的作用，特别是国家公务员必须要具备较强的综合分析能力。

在面试中，考察应试者的综合分析能力，主要看应试者能否对考官所提出的问题进行分析从而抓住本质，并且要说理透彻、分析全面、条理清晰。

2. 人际沟通能力

人际沟通，是指人们之间的信息交流过程，也就是人们在共同活动中彼此交流各种观念、思想和感情的过程。这种交流主要通过语言、表情、手势、体态以及社交距离等来体现。人是社会化的人。任何人在社会活动中，必然要与其他人发生这样那样的关系。良好的人际关系是人们工作、生活的基础，是构建和谐社会的重要条件之一。

不论是国家公务员录用还是事业单位公开招聘工作人员，人际关系处理与协调能力一直是面试必考的重要内容。在企业招聘面试中，考官通过询问应试者经常参与哪些社团活动、希望同哪些类型的人打交道、在各种社交场合扮演哪种角色，可以了解应试者的人际交往倾向和与人相处技巧。一般外向型性格的人会比较注重人际交往，而内向型性格的人会比较倾向于关注自己的世界。但是喜欢交际与擅长交际是不同的，在面试中，如果岗位要求应试者具有较高的人际沟通能力，那么就要重点测评对方是否善于人际沟通而不是是否热衷于人际交往。

3. 组织协调能力

组织协调能力，是指为完成一定的工作任务而具有的预先系统地安排工作的素质，以及在这个过程中合理调配各种资源的素质。它包含了两方面的内容：组织能力和协调能力。组织是执行，协调是方法，两种能力对于一项工作或任务来说，缺一不可，互为条件。切实可行的计划、严密的组织实施、科学的工作方法，组织与协调相互配合才能顺利高效地完成工作。

对于国家公务员来讲，组织协调能力是必备的能力之一，是充分履行职责、顺利开展活动的前提条件。公务员面对的工作错综复杂，必须要有明确的目标，要统筹兼顾、协调各方，要合理安排各种资源，才能把工作做好。

考官评定应试者的组织协调能力，一般从以下三个方面进行：

（1）计划性。应试者是否能够在纷繁杂乱的情境下，对工作事项进行合理、科学的安排。

（2）变通性。应试者是否能够在坚持为人处事一般原则的前提下，积极、稳妥地对有关事项进行变通。

（3）急缓性。应试者能否在事务处理中，做到主次明确、急缓清楚、轻重区别，有条不紊地逐一进行处理，无忙乱现象发生。

4. 应变能力

应变能力，是指面对意外事件等压力，能迅速地作出反应，并寻求合适的方法，使事件得以妥善解决的能力，通俗地说就是应对变化的能力。在面试中，考察应试者的应变能力主要看应试者对考官所提问题的回答是否应变自如、得体、科学、准确，对于突发事件的反应是否机智敏捷、回答恰当，对于意外事项的处理是否得体、妥当等。

作为国家公务员，在工作中经常会遇到一些突发事件，如群体事件、自然灾害、事故等，如果处置不当，有可能造成较大的社会影响。因此，对于公务员来说，应变能力是极其重要的，公务员应当反应灵敏、机智灵活地处理紧急事务。事业单位中从事教育、卫生、新闻等职业的工作人员，在日常工作中也可能会遇到诸如校园踩踏和暴力、疾情防控等突发事件。所以，应变能力是公务员录用和事业单位公开招聘工作人员面试需要测试的重要方面。

5. 领导力与执行力

领导力是指通过一系列的行为来激励人们相互合作，从而实现既定工作目标的能力。领导力主要与个人魅力和领导方法有关。执行力是指在约定时间内高效地完成工作任务的能力。执行力主要与个人的工作态度和工作能力有关。工作人员的执行力是保证工作顺利开展的基础所在。领导力和执行力是相辅相成、不可分割的，领导力以执行力为基础，也是执行力的基本保障。

领导力与执行力是国家公务员和事业单位工作人员，尤其是管理岗位工作人员必须具备的工作能力，只有具备较好的领导力和执行力，才能保证及时有效地解决问题，完成工作任务。在面试中，可借助文件筐测验、无领导小组讨论等方式，对应试者领导力与执行力进行考察，以保证应试者符合工作岗位要求。

6. 情绪控制能力

情绪控制能力，是指在受到较大压力或处于不利情况时，能保持情绪稳定，恰到好处地表露自己的情感，冷静地处理各种事务，并约束自己行为反应的能力。在面对压力时，情绪不稳定，思维就容易混乱，就难以迅速找到解决问题的办法；同样，如果不能迅速找到解决问题的办法，则会使自己的情绪受到影响，导致情绪不稳定。

情绪控制能力对于公务员、教师、科研人员、新闻工作者、医务工作者等类型的人员显得尤为重要。他们在日常工作中常常会遇到一些预料不到的事，会遇到各种挫折，受到各种委屈，如果没有较好的情绪控制能力，便会手忙脚乱、垂头丧气、怨天尤人，不能很好地开展工作，甚至造成严重的后果。

7. 语言表达能力

语言表达能力是指人对语言的表达、理解能力，是公务员、教师、科研人员、新闻工作者、医务工作者等应当具备的基本能力之一。政府机关的许多工作都是通过语言交流方式来实现的，如请示、汇报，宣传解释党的路线方针政策，解决纠纷等，都要求公务员语言表达清楚，简洁有条理，有逻辑性和说服力。教师、新闻工作者、医务工作者主要通过语言与人们交流，从而履行岗位职责，对他们而言语言的表达、理解能力尤为重要。

在面试中测评应试者的语言表达能力，主要看应试者能否将自己的思想、观点顺畅地用语言表达出来。测评的具体内容包括：语言本身的音色、音量、音调，以及语言表达的逻辑性、准确性、感染力等。

8. 逻辑思维能力

逻辑思维能力是指对事物进行观察、比较、分析、综合、抽象、概括、判断、推理的能力，是采用科学的、合乎逻辑的方法，准确而有条理地表达自己思维过程的能力。逻辑思维能力，是个体在工作与生活中发现、分析和解决问题必不可少的一种能力。

人们在工作中会遇到各种各样的问题，而且遇到的问题往往是随机的，没有统一的解决办法。良好的逻辑思维能力，有助于工作人员及时发现问题，并准确找到解决问题的关键方法，从而保证工作顺利开展。在面试中，逻辑思维能力强的应试者，往往概念清楚、逻辑严谨、概括全面、条理清晰。

9. 自我认知能力

自我认知也叫自我意识，是指对自己的洞察和理解，包括对自己的行为和心理状态的认知。自我认知能力，是个体认识自我、客观评价自己的高级认知能力。正确认识自我非常重要，如果低估自己的能力，就容易产生自卑心理，从而导致做事畏首畏尾；如果高估自己的能力，则容易骄傲自满，从而导致工作失误。

在面试中，考官可通过应试者的自我介绍以及与自身情况相关问题的回答，系统了解应试者的自我认知程度及其准确性。自我认知能力高的应试者，能客观评价自己，正视自己的优缺点，这有助于其在后续工作中发挥优势、弥补短板。

（三）举止仪表

举止仪表，是指应试者的外在形象，通常指一个人的体型、外貌、气质、衣着举止、精神状态等。良好举止仪表的具体要求是：外饰形象符合个人气质，穿着整齐干净，化妆得体，仪表端庄，形象自然大方，举止文明得体，谈吐礼貌文雅，精力充沛，身心健康。

有研究表明，仪表端庄、衣着整洁、举止文明的人，做事规律性强、注意自我约束。这决定了举止仪表也是面试中需要考察的重要因素。因为工作岗位的特殊性，通常对国家公务员、教师、新闻工作者、文艺工作者的仪表风度要求较高，因此，举止仪表是公务员录用和事业单位公开招聘工作人员面试的一项重要内容。

（四）工作经历

许多单位在发布招聘信息时，明确要求应聘者必须具备一定的工作经历，或者声明在同等条件下优先录取具有一定工作经历的应聘者。这样做的主要目的是确保应聘者在工作中能快速进入角色，独当一面。在面试中，通过对工作经历与实践经验的了解，可以考察应试者的责任感、主动性、思维能力、口头表达能力以及遇事的应变情况，并且还可以了解其工作的稳定性和职业生涯规划的大致方向等。

面试中，一般根据查阅应试者个人简历或求职登记表的记录，查询应试者有关背景及以往工作情况，进行一些相关的提问，来补充、证实其所具有的实践经验。录用省级以上机关公务员一般要求应试者具有两年以上基层工作经历，主要是因为具有基层工作经历的人员了解民情、民意，将来参与制定政策会更切合实际、接地气，基层工作经历对公务员今后的职业发展也有益处。

（五）求职动机

求职动机与愿望直接决定一个人在工作中所采取的态度，进而决定其能否在工作中取得较好的成绩。在面试中，考官要评定应试者的求职动机和愿望，可以通过了解应试者为何来本单位工作，为何应考本职位，对哪类工作最感兴趣，在工作中追求什么等，来判断应试者能否满足岗位要求。

（六）价值观

价值观，是指一个人对周围的客观事物（包括人、事、物）的意义、重要性的总体评价和总的看法。对各种事物的看法和评价在心目中的主次、轻重排列次序，就形成了价值观体系。价值观和价值观体系是决定人的行为的心理基础，是世界观的组成部分。由于人们所处的社会地位、生活环境和文化素养不同，因而形成了不同的价值观。国家公务员录用和事业单位公开招聘工作人员面试中，考官要评定应试者是否以积极的态度看待人生和周围的客观事物，能否正确看待生活和工作中的挫折等。

二、确定面试内容的基本原则

（一）面试内容要体现目的性

笔试的重点在于测量应试者所掌握的知识，而面试的目的是要进一步考察应试者的能力水平、工作经验、心理特征以及其他方面的情况，以弥补笔试的不足，为选择合适人才提供充分依据。

面试内容，取决于考试的具体目的和面试本身的特点。面试不应成为笔试的自然延伸或当面考核，而是从考试整体目标所规定的全部内容中，分解出笔试难以测试或无法测试的素质，以及考核无法评估的方面，作为独特的面试测评内容，这一内容包含一般素质，但更注重考察职位所要求的发展后劲与潜力。如果面试内容不明确、不具体，面试的目的则难以达到，进而将影响考试总体目标及招考计划的实现。

（二）面试内容要具备科学性

内容是为目的服务的，内容有价值，与目的内在联系紧密，才能实现目的。面试内容不能过于简易，也不能过于烦琐。过于简易，达不到测评目的，过于烦琐，不利于测评进行，都难以实现测评的目的。因此，面试内容应当体现科学性，应在某一方面或某一环节上具有代表性，足以测试出应试者某一方面的特定素质。

另外，进入面试的往往是多位应聘者，因而面试内容还要具有可比性，而可比性的实现，只能建立在面试内容的科学性基础上。

（三）面试内容要具有可操作性

面试是短时的抽样测评，不可能面面俱到。灵活性、应变性强的题目不宜过多过杂；难以测试的项目，如政治立场、道德品质方面的测评在面试中最好不要涉及，至多列为参考项目。在设计面试测评项目时，既要从岗位的条件要求出发，又要考虑测评操作实施的可行性。对于需要测评但不便于测评的项目，可以通过笔试、考核及试用等方式来实现。

（四）面试内容要突出针对性

1. 测试内容要有所不同。面试命题应根据岗位实际需求的学历、专业知识、技能和素质以及工作能力、心理素质等条件来设计，要充分体现不同专业、不同岗位要求的特点，突出重点，使测试内容具有针对性、实用性。

2. 试题难易程度要适中。面试试题的难易程度要符合应试者身心负荷强度的实际。无论是求职动机、职业取向、教育背景、工作经历、思想品质测试，公共事务处理、技能表演等操作性测试，还是责任心、进取意识、工作潜能、反应知觉、推理判断方面的心理素质测试，命题的难度都要符合应试者的生理机制和心理功能负荷度。不能让应试者感到恐慌，不知其意，对所设情境无所适从。所以，进行面试前一定要认真分析岗位的性质、特点与要求，确定相应的试题难度。

3. 测评对象要区别。设计面试的测评项目，要考虑应试者的实际状况。应试者状况不同，选择测评项目的重点也应该不同。例如，如果应试者是刚毕业的大学生或没有多少工作经验的人员，就应着重于一般素质项目的选择。如果应试者是有工作经历的人员，就应该着重考虑选择与工作技能、知识、工作经验及全面素质相关的项目。

【知识链接】

事业单位

事业单位的概念是我国所特有的。事业单位，是指为了社会公益目的，由国家机关举办或其他组织利用国有资产举办的，从事教育、科学研究、文化、卫生、体育等社会公益事业活动的社会服务组织。事业单位量大面广，范围主要涉及10大类：

一、教育事业单位

教育事业单位包括高等教育、中等教育、初等教育、学前教育、职业教育、特殊教育和其他教育机构。

二、科学研究事业单位

科学研究事业单位包括自然科学研究机构和社会科学研究机构。

三、综合技术事业单位

综合技术事业单位包括气象、地震、自然灾害观测预报台站，检测、地质勘探、环保服务等机构。

四、文化事业单位

文化事业单位包括图书馆、群众艺术馆、电影院、表演团体、博物馆、文物展览馆等。

五、广播电视、传媒事业单位

广播电视、传媒事业单位包括广播台（站）、电视台、出版社、报社等。

六、卫生事业单位

卫生事业单位包括医院、疗养院、专科防治所（站）、疾病防治中心、妇幼保健所（站）、计划生育指导站、血站、药品检验所（室）、健康宣传机构等。

七、体育事业单位

体育事业单位包括体育场馆、运动中心等。

八、社会福利事业单位

社会福利事业单位包括公共设施与便民服务机构、公园、养老院、市政园林、休闲广场、公路管理及养护机构。

九、农、林、水、牧、渔业事业单位

农、林、水、牧、渔业事业单位包括植保、种业、农林、农机所（站）、农场、林场、动植物保护所、水库、水利灌溉局站、水文观测站点、动物防疫兽医站（中心）、水产研究所、繁殖场等。

十、机关附设的各类事业单位

机关附设的各类事业单位包括信息中心、后勤服务中心、招待所等。

第四节 面试的程序

一、面试准备工作的基本程序

面试主管机关在组织面试前，要制定面试实施方案，确保面试工作有组织、有计划、按程序进行。面试实施方案的内容一般应包括：面试的组织领导；面试考官的组成范围以及监督的方式方法；面试的原则方法、程序、成绩计算方式；面试的时间、场所；面试试题的编制和印制；有关面试的其他工作等。

制订面试方案时，应尽量保证竞争同一岗位的应试者在同一组面试考官、同一天进行面试。面试准备工作的程序一般包括以下几个主要步骤（见图 1-2）：

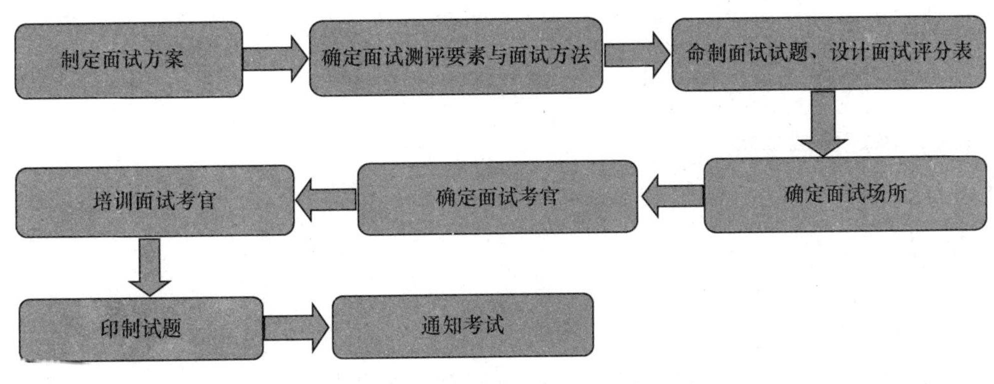

图 1-2　面试准备工作的基本程序

（一）确定面试测评要素与面试方法

面试前的首要工作是对岗位进行分析，有针对性地提出应该测评的要素。面试测评要素应以岗位的专业特点和拟录用人员的资格条件为依据，要通过科学性分析，把应具备的素质条件列举出来，并进行合理取舍。

例如：教育系统招聘教师面试，一般采取说课和讲课的形式。应设计以下评价项目：仪表形象；专业能力；口头表达能力；逻辑思维能力；课堂驾驭能力；人际沟通能力等。在设计这些评价项目时，主要考虑到教师职业的工作特点，教师工作岗位既平凡又高尚，这就要求应聘者具备良好的师德师范和人际沟通与口头表达能力，以及精湛的专业技能与敏锐的判断力。

每种具体的面试方法都有其自身特点。要根据岗位测评要素来选择恰当的面试方法，力戒千篇一律。

例如：政法岗位的面试，可利用审讯笔录，案例分析的方法；行政机关和事业单位信息处理岗位可选择上机操作的方法；科研单位的外语翻译岗位可采用情境模拟、对话等方法；医疗机构可选择行为描述性方法等。每个岗位根据测评要素内容的不同，可采用一种面试方法，也可采用几种面试方法综合进行。

（二）命制面试试题与设计面试评分表

由于面试方法不同，试题的形式也各有差异，有的是解决具体问题，有的是拿出实施方案，无论采用哪种方法，都要围绕测评要素，组织专家进行命题或提出方案。

面试评分表是面试考官评定应试者面试成绩的一种工具，是在面试评价项目和评价指标的基础上设计而成的。面试评分表主要包括以下内容：顺序号、评价项目、评分标准、事项分值、分数合计或评语、考官签字栏等。

（三）确定面试场所

面试场所的选择和布置对测评结果有一定影响。因此，应该按照面试实施的要求来设置场所。

面试场所包括面试室、候考室、休息室、考务办公室等，它们是面试构成的空间要素。面试场所要按照一定的条件来选择和布置，具体要求如下：

1. 面试室、应试者候考室、考务办公室之间相互联络要便利，要设置相应的指示牌，指示牌要醒目，使人容易找到。

2. 面试室要整洁、宽敞、明亮、通风、冷暖适宜，使面试工作人员和应试者都感到舒适。面试室内设立考官席、评委席、应试人席、工作人员席和监考席位。应试者席位与考官席位要基本呈面对面状态并保持一定距离。

3. 候考室最好放置一些本单位介绍材料，有关报纸、杂志及一些轻松有趣的读物，以让应试者轻松地度过等候时间，提高其面试成功率。

4. 面试场所宜选在安静、独立、不易受外界干扰的地方。

5. 人数多面试规模大时，应配置必要的医务人员和急救用医疗设备，以防意外情况发生。

（四）确定面试考官

面试考官组成形式目前主要有以下几种：一种是由人事主管部门和用人部门联合组成，考官由分别按一定比例指派；另一种是考官由用人部门的各有关方面负责人员组成；还有一种是由事业单位人事管理部门统一组织，考官从各部门和相关单位具有考官资格的人员中抽调或外派。近年来还出现委托第三方专业考试机构来命制试题、确定考官的做法。

用人部门自行组成面试考官小组，其组成人员一般为：用人单位主管领导、用人单位人事部门负责人、用人单位相关业务部门负责人、与专业相关的高水平专业技术人员，以及面试测评方面的专家学者。

考官小组在人员构成上要考虑专业优势互补，并注意人员的年龄结构，做到老、中、青相结合，以避免由于某一年龄层次人员太多而可能造成的认知偏差。

（五）培训面试考官

面试考官的培训工作由主考机关负责。培训的内容包括：公务员录用或事业单位公开招聘工作人员面试的特点；面试过程的把握与提高面试效果的手段；面试的提问技巧；面试的评分要素与评分标准；面试案例剖析、讨论；面试情境模拟；面试中的责任分工，以及如何克服各种心理效应对面试客观性的影响，从而客观、公平、公正、准确地选拔人才。

面试前必须对考官进行全面培训，提高他们的操作水平。面试考官应具备较高的政治素质和业务素质。面试考官资格管理制度建立后，原则上只有经规定的程序取得面试考官资格的人员才能担任面试考官。

（六）印制试题

试题印制必须在保密印刷厂进行，不得在社会上没有保密资质、没有保密条件的打印室、晒图室进行，不得用互联网、邮箱、微信等非涉密渠道传递试题，试题、试卷的运输、交接须严格按照保密规定进行。

（七）通知考试

在发布考试公告和笔试合格人员名单的网站通知进入面试名单的人员，网站一经确定，没有特殊情况一般不要中途更换网站，以免使应试者不能及时获取信息，影响面试，造成混乱。

二、面试具体流程

面试的具体流程主要包括：抽签排序、宣布面试纪律、应试者入场、引入话题、应试者答题及考官观察记录、结束谈话、评分与亮分、汇总成绩等。不同类型的面试流程有所区别。

（一）结构化面试流程

1. 报到抽签

（1）提前到场。面试当天，应试者应在面试开始 60 分钟前，持准考证、身份证到指定地点签名报到。

（2）抽签排序。应试者以抽签的方式确定面试顺序，考务人员依次登记考号、姓名。

（3）宣布纪律。考务人员向应试者讲解本次面试的整体计划安排、注意事项、考场纪律，应试者在指定的候考室内入座，等待面试。

2. 应试者入场

（1）引导员提前 5 分钟将第一位应试者引至考场外候考，并通知下一名应试者准备，依次类推。

（2）考官宣布："请××号应试者入场。"引导员将应试者引入考场内，引导员退至考场外，安排下一名应试者候考。

（3）应试者进入考场，落座。考官宣布："面试开始，请计时员开始计时。"按事先的分工考官宣读试题，依据面试题本向应试者提问，问题一般以 3 个为宜。

3. 面试答题

根据应试者答题情况，考官在评分表上按不同的要素打分。考官提问，应使用普通话，吐字清晰，便于应试者听懂、理解。若应试者未能听懂和理解，应加以复述。在应试者回答问题时，考官不可以通过任何方式表达自己的观点，或对应试者的回答作出同意、反对之类的暗示。在应试者回答问题的过程中，考官之间不宜交头接耳，不得点头或摇头，不能在表情上作出满意与否的表示，更不能显示出漫不经心的态度。

对于考官的提问，应试者可以用纸笔适当记录关键词语。每个应试者的面试时间控制在 15 分钟左右。

4. 应试者退场

面试结束时，考官宣布："面试完毕，请××号应试者退场等候宣布面试成绩。"随后，考官宣布："下一名应试者进场。"考官宣布应试者退席后，应试者由工作人员引入休息室，等待考官宣布其面试成绩。也可以在前一名应试者面试成绩评出后，由考官当面宣布成绩，该应试者签字确认并离开面试考场，下一名应试者再进入考场开始面试。

5. 计分审核

应试者结束答题退场后，计分员在监督员的监督下统计面试得分。面试成绩计算结束，并经主考官核对签字后，当场宣布面试总成绩，并由应试者签字确认。面试全部结束后，由计分员统一收集汇总"面试成绩评定表"，按规定进行总分统计，并填写"面试成绩汇总表"，交监督员核对签字后，呈主考官签字确认。

结构化面试具体操作流程如图 1-3 所示。

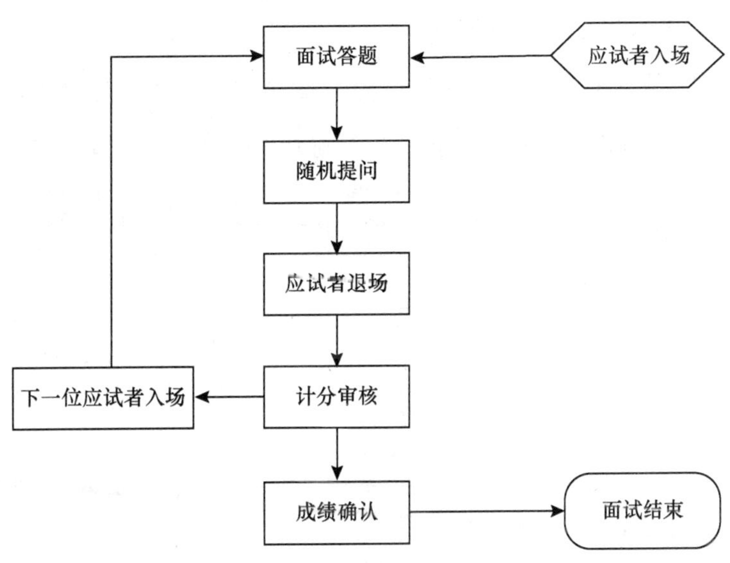

图 1-3 结构化面试流程示意图

（二）无领导小组讨论面试流程

无领导小组讨论面试的具体操作流程包括应试者入场、个人陈述、自由讨论、总结陈述、应试者退场、计分审核、成绩确认等，具体流程如图 1-4 所示。

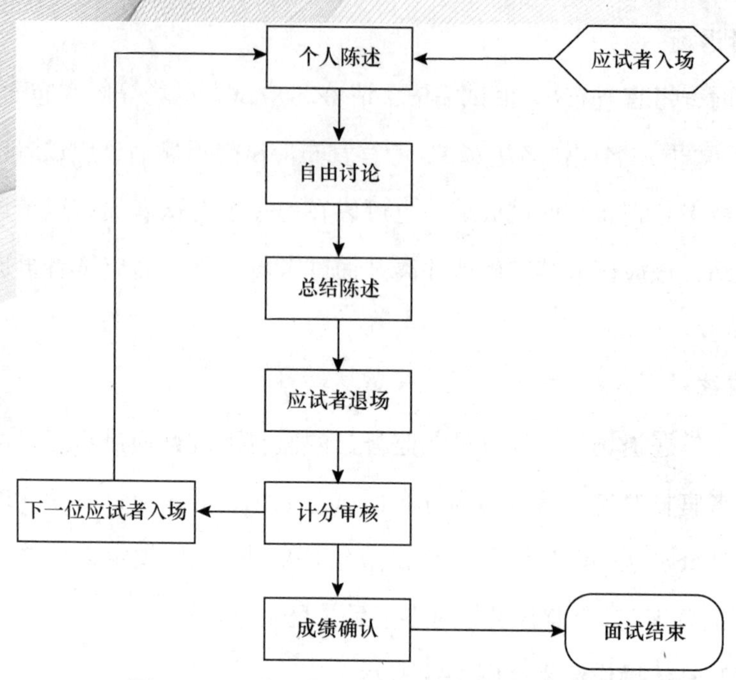

图 1-4　无领导小组讨论面试流程示意图

（三）结构化无领导小组面试流程

结构化无领导小组面试的具体操作流程包括应试者入场、轮流答题、轮流点评、轮流回应点评、应试者退场、计分审核、成绩确认等，具体流程如图 1-5 所示。

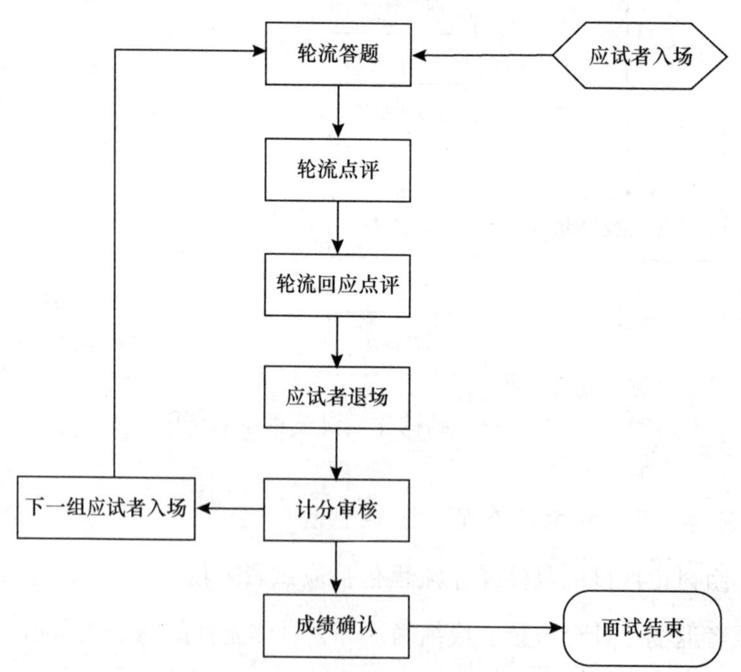

图 1-5　结构化无领导小组面试流程示意图

（四）演讲面试基本流程

1. 应试者签到并抽取面试顺序号。

2. 工作人员宣布面试演讲规则。

3. 应试者按序号进行面试演讲。

4. 考官根据应试者面试表现打分。

5. 考官亮分并由应试者签字确认。

6. 统计应试者成绩并由主考官签名。

（五）说课与讲课面试流程

1. 应试者签到。

2. 工作人员宣布说课与讲课面试规则。

3. 应试者抽签确定应试顺序。

4. 应试者按序号抽取试题。

5. 应试者在备考室进行备课准备（一般为 20~30 分钟）。

6. 面对考官进行说课和讲课（一般为 12~15 分钟）。

7. 考官根据应试者表现打分。

8. 考官亮分并由应试者签字确认。

第二章　面试组织实施

第一节　面试组织

面试是实施国家公务员录用制度和事业单位公开招聘制度的关键环节。组织好面试，不仅对于保证新进人员的素质具有重要作用，而且对于实现人力资源的合理配置，营造公平、公正、竞争、择优的用人环境，构建和谐社会，都有重要意义。面试工作无小事，需要统筹规划、精心组织、科学管理、各负其责、团结协作、加强监督。

一、管理机构及职责

（一）公务员录用

2019 年修订的《公务员录用规定》对公务员考录管理机构的职责进行了明确。

第九条规定，中央公务员主管部门负责全国公务员录用的综合管理工作。具体包括：（一）拟定公务员录用法规；（二）制定公务员录用的规章、政策；（三）指导和监督地方各级机关公务员的录用工作；（四）负责组织中央机关及其直属机构公务员的录用。

第十条规定，省级公务员主管部门负责本辖区公务员录用的综合管理工作。具体包括：（一）贯彻有关公务员录用的法律、法规、规章和政策；（二）根据公务员法和本规定，制定本辖区内公务员录用实施办法；（三）负责组织本辖区内各级机关公务员的录用；（四）指导和监督设区的市级以下各级机关公务员录用工作；（五）承办中央公务员主管部门委托的公务员录用有关工作。

必要时，省级公务员主管部门可以授权设区的市级公务员主管部门组织本辖区内公务员的录用。

第十一条规定，设区的市级以下公务员主管部门按照省级公务员主管部门的规定，负责本辖区内公务员录用的有关工作。

（二）事业单位公开招聘

《事业单位公开招聘人员暂行规定》（人事部令第6号）第六条规定，政府人事行政部门是政府所属事业单位进行公开招聘工作的主管机关。政府人事行政部门与事业单位的上级主管部门负责对事业单位公开招聘工作进行指导、监督和管理。国务院直属事业单位的年度招聘计划须报人事部备案；国务院各部委直属事业单位的招聘计划须报上级主管部门核准并报人事部备案。

各省、自治区、直辖市人民政府直属事业单位的招聘计划须报省（区、市）政府人事行政部门备案；各省、自治区、直辖市政府部门直属事业单位的招聘计划须报上级主管部门核准并报同级政府人事行政部门备案。

地（市）、县（市）人民政府所属事业单位的招聘计划须报地区或设区的市政府人事行政部门核准。

二、用人单位职责

（一）党政机关和参照公务员管理的事业单位根据编制限额、空缺职位编制需求计划，依据要求拟定资格条件，根据公务员管理部门的安排参与相应面试工作。

（二）事业单位编制需求计划，提出招聘岗位和招聘条件，负责组织考察和政审，并履行聘用合同签订等职责。事业单位在面试组织中的职责主要包括：确定面试内容及选拔标准，确定及培训面试考官、发布面试通知，公布面试成绩及拟聘用名单等。

三、考试及其他专业机构职责

对于公务员录用，有关专业性、技术性、事务性工作可以授权或者委托考试机构以及其他专业机构承担。

对于事业单位公开招聘，事业单位人事综合管理部门、主管部门及事业单位可根据专业化要求，委托专业考试机构、人才测评机构等命题，考务机构可负责命制试题、面试测评环节的工作。应当通过签订公开招聘考试委托服务协议和保密协议，明确规定考试服务机构应当承担的责任与义务。

命题机构主要负责面试试题的命制、命题专家队伍管理、面试考官的选拔与培训等工作，需要制定严格的保密措施，防止在试题命制过程中造成泄密。考务机构的主要职责是负责面试工作的具体组织和安排，包括：面试考场安排、监考及工作人员培训、面试信息发布、面试试题管理、协助主考官解决面试中出现的问题等。面试的具体实施环节是面试组织中非常重要的一环，也是最容易出现各类突发事件的环节，因而需要考务机构具有较强的组织实施能力，以保证面试工作的安全顺利实施。

四、监督责任

（一）加大监督力度

面试工作监督的重点是严格把控易发或多发违纪违法的主要环节，具体包括：一是面试试题的命制、运输、保管等须按有关规定执行，应由专人负责试题拟制、押运、保管、领取、启封签收等，并验证签名，以示负责；二是实行面试考官临场随机抽签上岗，应杜绝应试者与考官在考前的接触，有条件的地方或单位实行考官随机抽调或异地交流上岗，发现需要回避或其他不适宜担任考官的情形，应立即调整；三是应试者的分组和出场顺序必须采取临时抽签的办法确定；四是检查面试考场的设置是否规范，没有监督人员在场的，不能进行面试，面试成绩须经监督人员确认无误并签名。

（二）提高监督人员素质

为避免和防止监督形同虚设，应对监督人员进行严格培训。要求监督人员学习和掌握国家公务员录用和事业单位公开招聘的有关政策规定、工作程序和基本要求，熟悉相关业务，做到持证上岗、依法办事，忠实履行面试监督人员职责。

（三）拓宽监督渠道

在公务员录用和事业单位公开招聘面试中，组织人事部门要主动邀请纪检，监察和人大代表、政协委员参与监督，加强对面试工作全过程的监督。面试考场设立监督席，必要时增设旁听席。同时，设立举报箱，公布举报电话。

（四）扩大监督宣传

坚持“阳光下操作”，要通过报刊、广播电视、互联网等媒体公布面试信息和流程，完善监督措施，通过指定的网站等渠道公布应试者的成绩，接受社会监督。

（五）严守监督纪律

严格执行面试中各种纪律要求，如面试30分钟前，考官要先集中到指定地点，关闭一切自用通信工具，或由相关人员统一代为保管。试卷由主考和监督人员一起验证密封完好后当场拆分，考官先熟悉试题和评分标准，然后进行面试等。

【延伸阅读】

公务员考试录用违纪违规行为处理办法

第一条　为规范公务员考试录用违纪违规行为的认定与处理，严肃考试纪律，确保考试录用工作公平、公正，根据《中华人民共和国公务员法》等有关规定，制定本办法。

第二条　报考者和工作人员在公务员考试录用中违纪违规行为的认定与处理，适用本办法。

第三条　认定与处理违纪违规行为，应当事实清楚、证据确凿、程序规范、适用规定准确。

第四条　公务员主管部门、招录机关和考试机构及其他相关机构按照公务员考试录用法律法规等规定的职责权限，对报考者和工作人员违纪违规行为进行认定与处理。

第五条　报考者提供的涉及报考资格的申请材料或者信息不实的，由负责资格审查工作的招录机关或者公务员主管部门给予其取消本次报考资格的处理。

报考者有恶意注册报名信息，扰乱报名秩序或者伪造学历证明及其他有关材料骗取考试资格等严重违纪违规行为的，由中央一级招录机关或者设区的市级以上公务员主管部门给予其取消本次报考资格的处理，并记入公务员考试录用诚信档案库，记录期限为五年。

第六条　报考者在考试过程中有下列违纪违规行为之一的，由具体组织实施考试的考试机构、招录机关或者公务员主管部门给予其当次该科目（场次）考试成绩无效的处理：

（一）将规定以外的物品带入考场且未按要求放在指定位置，经提醒仍不改正的；

（二）未在指定座位参加考试，或者未经工作人员允许擅自离开座位或者考场，经提醒仍不改正的；

（三）经提醒仍不按规定填写（填涂）本人信息的；

（四）将试卷、答题纸、答题卡带出考场，或者故意损毁试卷、答题纸、答题卡的；

（五）在试卷、答题纸、答题卡规定以外位置标注本人信息或者其他特殊标记的；

（六）在考试开始信号发出前答题的，或者在考试结束信号发出后继续答题的；

（七）其他应给予当次该科目（场次）考试成绩无效处理的违纪违规行为。

第七条　报考者在考试过程中有下列严重违纪违规行为之一的，给予其取消本次考试资格的处理，并记入公务员考试录用诚信档案库，记录期限为五年：

（一）抄袭、协助抄袭的；

（二）持伪造证件参加考试的；

（三）使用禁止自带的通讯设备或者具有计算、存储功能电子设备的；

（四）其他应给予取消本次考试资格处理的严重违纪违规行为。

报考中央机关及其直属机构公务员的，由中央公务员主管部门或者中央一级招录机关作出处理。报考地方各级机关公务员的，由省级公务员主管部门或者设区的市级公务员主管部门作出处理。

第八条　报考者在考试过程中有下列特别严重违纪违规行为之一的，由中央公务员主管部门或者省级公务员主管部门给予其取消本次考试资格的处理，并记入公务员考试录用诚信档案库，长期记录：

（一）串通作弊或者参与有组织作弊的；

（二）代替他人或者让他人代替自己参加考试的；

（三）其他情节特别严重、影响恶劣的违纪违规行为。

第九条 在阅卷过程中发现报考者之间同一科目作答内容雷同，并经阅卷专家组确认的，由具体组织实施考试的考试机构给予其该科目（场次）考试成绩无效的处理。省级以上考试机构确定作答内容雷同的具体方法和标准。

报考者之间同一科目作答内容雷同，并有其他相关证据证明其作弊行为成立的，视具体情形按照本办法第七条、第八条的规定处理。

第十条 报考者在体检过程中隐瞒影响录用的疾病或者病史的，由招录机关或者公务员主管部门给予其不予录用的处理。有串通工作人员作弊或者请他人顶替体检以及交换、替换化验样本等严重违纪违规行为的，由招录机关或者公务员主管部门给予其不予录用的处理，并由中央一级招录机关或者设区的市级以上公务员主管部门记入公务员考试录用诚信档案库，记录期限为五年。

第十一条 报考者在考察过程中有弄虚作假、隐瞒事实真相或者其他妨碍考察工作正常进行行为的，由负责组织考察的招录机关或者公务员主管部门给予其不予录用的处理。情节严重、影响恶劣的严重违纪违规行为，由中央一级招录机关或者设区的市级以上公务员主管部门记入公务员考试录用诚信档案库，记录期限为五年。

第十二条 报考者的违纪违规行为被当场发现的，工作人员应当予以制止或者终止其继续参加考试，并收集、保存相应证据材料，如实记录违纪违规事实和现场处理情况，由两名以上工作人员签字，报送负责组织考试录用的部门。

第十三条 对报考者违纪违规行为作出处理决定前，应当告知报考者拟作出的处理决定及相关事实、理由和依据，并告知报考者依法享有陈述和申辩的权利。作出处理决定的公务员主管部门、招录机关或者考试机构对报考者提出的事实、理由和证据，应当进行复核。

第十四条　对报考者违纪违规行为作出处理决定的，应当制作公务员考试录用违纪违规行为处理决定书，依法送达报考者。

第十五条　试用期间查明报考者有本办法所列违纪违规行为的，由中央一级招录机关或者设区的市级以上公务员主管部门取消录用并按照本办法的有关规定给予其相应的处理。

任职定级后查明有本办法所列违纪违规行为的，给予其辞退处理或者开除处分。

第十六条　报考者应当自觉维护考试录用工作秩序，服从工作人员管理，有下列行为之一的，责令离开考场；情节严重的，按照本办法第七条、第八条的规定处理；违反《中华人民共和国治安管理处罚法》的，交由公安机关依法处理；构成犯罪的，依法追究刑事责任：

（一）故意扰乱考点、考场等考试录用工作场所秩序的；

（二）拒绝、妨碍工作人员履行管理职责的；

（三）威胁、侮辱、诽谤、诬陷工作人员或者其他报考者的；

（四）其他扰乱考试录用管理秩序的行为。

第十七条　录用工作人员违反有关法律法规，或者有《公务员录用规定（试行）》第三十三条、第三十四条规定情形的，按照有关规定给予处分。其中，公务员组织、策划有组织作弊或者在有组织作弊中起主要作用的，给予开除处分。构成犯罪的，依法追究刑事责任。

第十八条　报考者对违纪违规行为处理决定不服的，可以依法申请行政复议或者提起行政诉讼。

录用工作人员因违纪违规行为受到处分不服的，可以依法申请复核或者提出申诉。

第十九条　参照公务员法管理的机关（单位）工作人员录用中违纪违规行为的认定与处理适用本办法。

第二十条　公务员考试录用诚信档案库的管理办法由中央公务员主管部门制定。

第二十一条 本办法自2016年10月1日起施行。2009年11月9日人力资源社会保障部公布的《公务员录用考试违纪违规行为处理办法（试行）》（人力资源和社会保障部令第4号）同时废止。

事业单位公开招聘违纪违规行为处理规定

第一章 总 则

第一条 为加强事业单位公开招聘工作管理，规范公开招聘违纪违规行为的认定与处理，保证招聘工作公开、公平、公正，根据《事业单位人事管理条例》等有关规定，制定本规定。

第二条 事业单位公开招聘中违纪违规行为的认定与处理，适用本规定。

第三条 认定与处理公开招聘违纪违规行为，应当事实清楚、证据确凿、程序规范、适用规定准确。

第四条 中央事业单位人事综合管理部门负责全国事业单位公开招聘工作的综合管理与监督。

各级事业单位人事综合管理部门、事业单位主管部门、招聘单位按照事业单位公开招聘管理权限，依据本规定对公开招聘违纪违规行为进行认定与处理。

第二章 应聘人员违纪违规行为处理

第五条 应聘人员在报名过程中有下列违纪违规行为之一的，取消其本次应聘资格：

（一）伪造、涂改证件、证明等报名材料，或者以其他不正当手段获取应聘资格的；

（二）提供的涉及报考资格的申请材料或者信息不实，且影响报名审核结果的；

（三）其他应当取消其本次应聘资格的违纪违规行为。

第六条　应聘人员在考试过程中有下列违纪违规行为之一的，给予其当次该科目考试成绩无效的处理：

（一）携带规定以外的物品进入考场且未按要求放在指定位置，经提醒仍不改正的；

（二）未在规定座位参加考试，或者未经考试工作人员允许擅自离开座位或者考场，经提醒仍不改正的；

（三）经提醒仍不按规定填写、填涂本人信息的；

（四）在试卷、答题纸、答题卡规定以外位置标注本人信息或者其他特殊标记的；

（五）在考试开始信号发出前答题，或者在考试结束信号发出后继续答题，经提醒仍不停止的；

（六）将试卷、答题卡、答题纸带出考场，或者故意损坏试卷、答题卡、答题纸及考试相关设施设备的；

（七）其他应当给予当次该科目考试成绩无效处理的违纪违规行为。

第七条　应聘人员在考试过程中有下列严重违纪违规行为之一的，给予其当次全部科目考试成绩无效的处理，并将其违纪违规行为记入事业单位公开招聘应聘人员诚信档案库，记录期限为五年：

（一）抄袭、协助他人抄袭的；

（二）互相传递试卷、答题纸、答题卡、草稿纸等的；

（三）持伪造证件参加考试的；

（四）使用禁止带入考场的通讯工具、规定以外的电子用品的；

（五）本人离开考场后，在本场考试结束前，传播考试试题及答案的；

（六）其他应当给予当次全部科目考试成绩无效处理并记入事业单位公开招聘应聘人员诚信档案库的严重违纪违规行为。

第八条　应聘人员有下列特别严重违纪违规行为之一的，给予其当次全部科目考试成绩无效的处理，并将其违纪违规行为记入事业单位公开招聘应聘人员诚信档案库，长期记录：

（一）串通作弊或者参与有组织作弊的；

（二）代替他人或者让他人代替自己参加考试的；

（三）其他应当给予当次全部科目考试成绩无效处理并记入事业单位公开招聘应聘人员诚信档案库的特别严重的违纪违规行为。

第九条 应聘人员应当自觉维护招聘工作秩序，服从工作人员管理，有下列行为之一的，终止其继续参加考试，并责令离开现场；情节严重的，按照本规定第七条、第八条的规定处理；违反《中华人民共和国治安管理处罚法》的，交由公安机关依法处理；构成犯罪的，依法追究刑事责任：

（一）故意扰乱考点、考场以及其他招聘工作场所秩序的；

（二）拒绝、妨碍工作人员履行管理职责的；

（三）威胁、侮辱、诽谤、诬陷工作人员或者其他应聘人员的；

（四）其他扰乱招聘工作秩序的违纪违规行为。

第十条 在阅卷过程中发现应聘人员之间同一科目作答内容雷同，并经阅卷专家组确认的，给予其当次该科目考试成绩无效的处理。作答内容雷同的具体认定方法和标准，由中央事业单位人事综合管理部门确定。

应聘人员之间同一科目作答内容雷同，并有其他相关证据证明其违纪违规行为成立的，视具体情形按照本规定第七条、第八条处理。

第十一条 应聘人员在体检过程中弄虚作假或者隐瞒影响聘用的疾病、病史的，给予其不予聘用的处理。有请他人顶替体检以及交换、替换化验样本等严重违纪违规行为的，给予其不予聘用的处理，并将其违纪违规行为记入事业单位公开招聘应聘人员诚信档案库，记录期限为五年。

第十二条 应聘人员在考察过程中提供虚假材料、隐瞒事实真相或者有其他妨碍考察工作的行为，干扰、影响考察单位客观公正作出考察结论的，给予其不予聘用的处理；情节严重、影响恶劣的，将其违纪违规行为记入事业单位公开招聘应聘人员诚信档案库，记录期限为五年。

第十三条　应聘人员聘用后被查明有本规定所列违纪违规行为的，由招聘单位与其解除聘用合同、予以清退，其中符合第七条、第八条、第十一条、第十二条违纪违规行为的，记入事业单位公开招聘应聘人员诚信档案库。

第十四条　事业单位公开招聘应聘人员诚信档案库由中央事业单位人事综合管理部门统一建立，纳入全国信用信息共享平台，向招聘单位及社会提供查询，相关记录作为事业单位聘用人员的重要参考，管理办法另行制定。

第三章　招聘单位和招聘工作人员违纪违规行为处理

第十五条　招聘单位在公开招聘中有下列行为之一的，事业单位主管部门或者事业单位人事综合管理部门应当责令限期改正；逾期不改正的，对直接负责的主管人员和其他直接责任人员依法给予处分：

（一）未按规定权限和程序核准（备案）招聘方案，擅自组织公开招聘的；

（二）设置与岗位无关的指向性或者限制性条件的；

（三）未按规定发布招聘公告的；

（四）招聘公告发布后，擅自变更招聘程序、岗位条件、招聘人数、考试考察方式等的；

（五）未按招聘条件进行资格审查的；

（六）未按规定组织体检的；

（七）未按规定公示拟聘用人员名单的；

（八）其他应当责令改正的违纪违规行为。

第十六条　招聘工作人员有下列行为之一的，由相关部门给予处分，并停止其继续参加当年及下一年度招聘工作：

（一）擅自提前考试开始时间、推迟考试结束时间及缩短考试时间的；

（二）擅自为应聘人员调换考场或者座位的；

（三）未准确记录考场情况及违纪违规行为，并造成一定影响的；

（四）未执行回避制度的；

（五）其他一般违纪违规行为。

第十七条　招聘工作人员有下列行为之一的，由相关部门给予处分，并将其调离招聘工作岗位，不得再从事招聘工作；构成犯罪的，依法追究刑事责任：

（一）指使、纵容他人作弊，或者在考试、考察、体检过程中参与作弊的；

（二）在保密期限内，泄露考试试题、面试评分要素等应当保密的信息的；

（三）擅自更改考试评分标准或者不按评分标准进行评卷的；

（四）监管不严，导致考场出现大面积作弊现象的；

（五）玩忽职守，造成不良影响的；

（六）其他严重违纪违规行为。

第四章　处 理 程 序

第十八条　应聘人员的违纪违规行为被当场发现的，招聘工作人员应当予以制止。对于被认定为违纪违规的，要收集、保存相应证据材料，如实记录违纪违规事实和现场处理情况，当场告知应聘人员记录内容，并要求本人签字；对于拒绝签字或者恶意损坏证据材料的，由两名招聘工作人员如实记录其拒签或者恶意损坏证据材料的情况。违纪违规记录经考点负责人签字认定后，报送组织实施公开招聘的部门。

第十九条　对应聘人员违纪违规行为作出处理决定前，应当告知应聘人员拟作出的处理决定及相关事实、理由和依据，并告知应聘人员依法享有陈述和申辩的权利。作出处理决定的部门对应聘人员提出的事实、理由和证据，应当进行复核。

对应聘人员违纪违规行为作出处理决定的，应当制作公开招聘违纪违规行为处理决定书，依法送达被处理的应聘人员。

第二十条　应聘人员对处理决定不服的，可以依法申请行政复议或者提起行政诉讼。

第二十一条　参与公开招聘的工作人员对因违纪违规行为受到处分不服的，可以依法申请复核或者提出申诉。

第五章　附　　则

第二十二条　本规定自2018年1月1日起施行。

第二节　面试考官

一、面试考官职责

面试考官，是对应试者素质进行测评的主持者，是面试过程中重要的参与者，是人才的伯乐。面试考官在面试中的地位和作用十分重要，面试考官素质的高低，直接影响国家机关录用公务员和事业单位公开招聘工作人员的公正性和科学性。

（一）面试主考官的职责

1. 全面负责本面试考场的面试工作，主持对应试者的面试和提问。

2. 负责指导其他面试考官，明确面试的程序及要求，保证面试公正、公平。

3. 掌握面试时间，控制面试节奏，当应试者应答时间超时时发出停止作答指令。

4. 沟通考官意见，协调处理面试中出现的问题，协调评分标准。

5. 负责对应试者面试成绩的审核认定并签字确认。

（二）其他面试考官的职责

1. 在面试主考官引导下客观公正地开展面试工作。

2. 不受干扰，公正独立地完成评分工作。

3. 认真聆听应试者回答问题，给分恰当、合理，准确填写面试评分表并签字确认。

4. 在面试中应坚持按同一标准评分，力戒评分忽高忽低、标准时宽时严。

二、面试考官应当具备的基本素质

合格的面试考官，应具备以下基本素质。

（一）良好的思想品德和个人修养

面试考官应当政治强、作风正，公道正派，具有良好的政治品质、思想品德和职业道德。考官应有高度的责任感和良好的个人修养，当应试者因紧张而表现出无所适从的时候，应想方设法稳定对方情绪，引导应试者缓解或消除紧张情绪，尽快进入面试状态。

（二）完备的相关专业知识

面试考官应具备相应的专业知识和人事人才测评知识，了解公务员录用和事业单位公开招聘政策规定。以事业单位公开招聘考试为例，面试考官应该懂得或精通招聘岗位所要求的专业知识，有利于将那些最符合岗位要求的合格者选拔出来。考官专业知识的深度和广度在事业单位公开招聘工作人员面试过程中显得尤为重要。

（三）丰富的工作经验

面试评价总体来说是一个非量化评价的过程，它的完成和质量在很大程度上依赖面试考官所具有的丰富的工作经验，借助于工作经验的直觉判断，面试考官往往能够准确地把握应试者的特征，做到因岗择人、人岗相宜。同时，丰富的社会和工作经验能够帮助考官掌握和提高面试技能，从而善于在面试中发现那些因经验不足而导致发挥不正常，却具有潜能的应试者。

（四）较强的组织协调能力与人际沟通能力

面试的过程就是考官与应试者双向沟通的过程，也是人际交往的过程。在与应试者的交流中，面试考官既要把握好面试过程的组织协调，又要利用人际沟通能力和自身的敏锐感知力，对应试者的能力作出判断。特别是在企业招聘中，面试考官的组织协调能力与人际沟通能力会直接影响到应试者的水平发挥。

（五）熟练的面试方法与技巧运用

考官应该熟悉测评项目或要素、测评标准、试题类型，掌握面试方法和技巧。在主观性题目的测评方面，能否克服先入为主、防止以偏概全，能否由表及里、识别璞玉，这些都取决于考官对面试方法和技巧的掌握程度。面试是一种技巧性很强的工作，要求面试考官必须熟练掌握各种面试方法与技巧，准确、快速地对应试者作出判断评价。

三、面试考官的选拔与培训

面试考官的选拔由考试的组织机构或招聘领导小组在符合任考官资格条件的人员

中择优选拔。选拔考官的原则包括：针对面试特点，优化考官知识、年龄、分布等结构；选择公道正派、认真负责、业务熟悉、经验丰富、具有面试考官资格证书的人员；选拔工作应注意保密。

根据《国家公务员录用面试组织管理办法（试行）》，面试考官必须经过专门培训。面试考官的培训，应当由省级以上公务员主管部门负责。培训后，经考试考核合格的颁发面试考官资格证书。

根据《国务院工作部门面试考官资格管理暂行细则》等有关规定精神，公务员考录和事业单位公开招聘面试考官培训的具体内容应当包括：

（一）公务员考试录用制度或事业单位公开招聘工作人员制度；

（二）面试的理论、方法、技巧及测评要素；

（三）人才测评的基本理论知识和技术；

（四）常用面试技法及评价要领；

（五）面试实例分析研究；

（六）面试的模拟与训练；

（七）面试工作纪律和对面试考官的有关要求；

（八）其他相关政策规定、知识和技能。

经过培训，面试考官应达到以下标准：

（一）熟悉岗位的性质、特点，明确胜任岗位要求人员的资格条件；

（二）以岗位说明书为依据，正确测评应试者的素质，使岗位要求同面试试题、考官打分三者之间相互统一；

（三）正确理解面试测评指标，掌握面试的内容、方法、要求；

（四）熟悉评分标准、评分技术方法及评价要领、注意事项等。

四、面试考官工作纪律

在国家公务员录用和事业单位公开招聘工作人员面试中，面试考官代表国家履行职责，因此必须严格遵守工作程序，严禁徇私舞弊。面试考官如有违纪违规，必须严肃处理；构成犯罪的，将依法追究其刑事责任。

面试考官应当遵守以下工作纪律：

（一）进入考场后须关闭所有通信工具，坚守岗位，不得中途退场。

（二）应根据应试者的表现评分，不受任何干扰、独立自主、客观公正地完成评分工作，考官之间不得相互暗示、商讨评分；不得通过任何方式给应试者传递信息或造成不必要的心理压力；不在应试者回答问题时谈论其他事情，确保考场的正常秩序。

（三）一视同仁对待应试者，在整个面试过程中，应按同一尺度、统一标准打分，态度和蔼友善，不得刁难、歧视应试者，不得提问与考题无关的问题。

（四）在面试期间，不得接受任何可能干扰面试工作公正性的请托。

（五）面试考官与应试者之间有下列关系之一者，应主动提出回避：

1. 夫妻关系。

2. 直系血亲关系和拟制血亲关系。

3. 三代以内旁系血亲或近姻亲关系。

（六）面试时间结束，主考官应立即终止面试。

【延伸阅读】

国务院工作部门面试考官资格管理暂行细则

第一条　为了规范国务院工作部门国家公务员录用面试工作，加强面试考官资格管理，提高面试水平，根据《国家公务员录用暂行规定》和《国家公务员录用面试暂行办法》，制定本细则。

第二条　面试考官是对应考人员进行面试测评的实施者；面试考官应当由通过本细则规定的程序获得面试考官资格的人员担任。

第三条　面试考官必须具备以下基本条件：

（一）热爱祖国，拥护中国共产党的领导；

（二）遵纪守法，严守工作秘密；

（三）具有良好个人修养，公道正派，心理健康；

（四）具有大专以上文化程度；

（五）一般应从事人事管理、相关业务管理或人才测评等工作 3 年以上；

（六）了解国家公务员考试录用制度和相关政策；

（七）具有较强的分析概括能力、判断能力与言语表达能力；

（八）具备录用主管机关规定的其他条件。

第四条　面试考官应当具备以下业务条件：具有一定的面试工作经验，参加过系统的面试培训并考试合格，具备相关学科的专业知识与技能；具有较强的组织协调能力，能组织开展面试工作；掌握面试技法，对应考人员评价准确；能对改进面试工作提出有益建议。

第五条　根据需要，经国务院人事部门批准，用人部门也可聘请部门内有关领导或部门外有关专家担任特邀考官。特邀考官应当接受必要培训。

第六条　获得面试考官资格的人员必须履行下列义务：

（一）按照面试的有关规定，认真及时地开展面试工作；

（二）接受面试培训与工作考核；

（三）自觉遵守面试工作纪律，严格执行公务员录用制度有关规定。

第七条　获得面试考官资格的人员享有下列权利：

（一）接受公务员面试组织实施部门的聘请，根据有关规定和面试实施方案，行使面试考官的各项职权；

（二）非经国务院人事部门批准，不被免除面试考官资格；

（三）参加面试考官培训和工作研讨；

（四）对面试工作提出批评与建议。

第八条　国务院人事部门建立面试考官资格管理委员会，负责国务院各工作部门面试考官资格的评审和授予。

国务院各工作部门负责本部门人员面试考官资格申请的审核。

面试考官资格管理委员会一般由 7 人组成，包括负责录用考试工作的行政首长、业务管理人员和有关专家等。

第九条 凡符合本细则第三条、第四条规定的人员，可申请面试考官资格。获得面试考官资格的程序如下：

（一）本人提出取得面试考官资格的书面申请，或由所在单位录用管理部门推荐，填报面试考官资格评审表，由所在部门审核；

（二）接受国务院人事部门组织的考官培训并取得合格证书；

（三）面试考官资格管理委员会对提交的资格评审材料及申请人的面试工作业绩情况进行审议，认定面试考官资格；

（四）经审批合格者，国务院人事部门颁发《国家公务员录用面试考官资格证书》。

第十条 面试考官拒绝或无法履行其义务，或在面试工作绩效考核中不合格者，由所在单位提出，经面试考官资格管理委员会审核批准，取消其面试考官资格。

第十一条 国务院人事部门负责中央国家机关面试考官的资格管理工作。

第十二条 国务院各工作部门的人事部门应建立面试考官工作业绩档案，将面试考官在每次面试中所承担的工作、面试的人数以及面试的绩效等记录在案，并在每年年终进行一次面试工作年度考核，填写面试考官业绩考核表。考核结果作为面试考官资格审核的重要依据。

第十三条 国务院人事部门定期组织面试考官资格培训。培训的主要内容包括：

（一）国家公务员制度及公务员考试录用制度；

（二）面试的内容、方法、功能及测评方案设计；

（三）常用的面试技法及评价要领；

（四）面试的组织与实施；

（五）人才测评的基本理论知识和技术；

（六）其他相关知识与技能。

培训结束后，对培训效果进行考核评定，合格者发给《国家公务员录用面试考官培训合格证书》。该证书是认定面试考官资格的必要条件。

第十四条　本细则自公布之日起施行。

面试考官保密承诺书

为了保证本次面试的公平性与客观性，根据国家相关法律法规和《人才测评服务业务规范》，以及用人单位关于本次面试评审的保密要求，特拟定以下保密条款。

一、面试前不打听、不猜测关于本次面试的相关信息。

二、在面试开始前，严守本次面试的所有信息，不对外泄露传播。

三、如与参考应试者有夫妻关系、直系血亲关系、三代以内旁系血亲关系以及近姻亲关系等应主动申报回避。

四、面试中及面试后不抄录、不泄露、不外传试题内容，确保试题的保密。

五、面试期间不私自对外联络、不私自会客、不与无关人员接触。

六、面试期间不向工作人员透漏组织方信息及个人信息。

七、在面试中坚持公平公正原则，严格按照面试评分标准公平把握评分尺度，对每一位应试者的评分做到客观、公正、科学。

八、在整个面试过程中不议论试题、评分和应试者答题情况。

九、在成绩公示前不对外透漏考官打分情况、应试者面试情况、应试者的面试结果及应试者的参考信息等。

十、公示期结束前不向无关人员透漏考试的相关信息。

十一、在整个面试评审过程中廉洁自律、克己奉公。

本人已认真阅读以上保密条款，并承诺严格遵守！

如违反本条款愿配合组织调查承担相应法律责任！

承诺人（签字）：

年　　月　　日

第三节 面试试题命制

一、试题命制的原则、要求与基本环节

（一）试题命制应遵循的原则

1. 思想性原则

面试试题的内容要符合党的路线、方针、政策及国家的法律法规。在命制试题时，应着眼于国家的大政方针，关注具有现实意义、教育意义的典型事件，同时还要考虑到岗位的性质、要求，避免思想性不高缺乏实际意义的试题。

遵循思想性原则，才能通过面试测试出应试者对党和国家方针政策的理解能力、对政策的把握运用能力、自我辨析能力以及进取精神。思想性原则，是国家公务员录用和事业单位公开招聘面试试题命制的首要原则。

2. 科学性原则

在面试试题的命制中，不能随心所欲、信手拈来，要根据岗位的工作性质、职责任务、难易程度、责任大小科学确定面试试题内容。试题设计应与岗位相匹配，不出争议题和是非题，应重点测试应试者的综合分析能力、逻辑思维能力、人际沟通能力、应急应变能力、语言表达能力和仪表举止。面试试题的科学性要求，一方面体现在内容上，应当是严谨的，既源于现实和岗位工作需要，又经过提炼、加工、改造，具有典型性和现实性；另一方面体现在形式上，应当按照试题编制的规范来设计，题目的难度应适中、适度。尤其是对于那些测试难度较大、竞争较为激烈的面试，对试题命制科学性、规范性的要求更高，否则就会流于形式，陷入低层次循环，既测评不出应有的素质指标，也无法拉开应试者之间的分数差距。

3. 针对性原则

针对性原则，主要指两个方面：一是空缺岗位实际需要的独特性。在面试试题命制过程中，应注意选取岗位要求中那些具有典型性、稳定性的要素去设计试题；二是招聘条件的特定性。对招聘条件进行认真分析，如招聘的是研究生，还是本科生，招聘对象是文科方向，还是理工科方向等。在分析的基础上结合岗位的特性，设计出既

适合岗位要求又能切实测评出应试者个体能力素质的试题。

4. 灵活性原则

灵活性原则要求在面试试题的命制中，既要强调统一规范，又要留有个人发挥的余地。除少量客观性试题外，尽量做到一题多义，一题多解，给应试者以充分的施展空间，让他们能够运用自身知识和经验，给面试考官提供一个全面观察的空间。如果试题内容涉及面狭窄，缺乏应有的灵活性，凭应试者死记硬背就能完成，将极大影响面试测评的有效性，客观上使面试变成了笔试的延续。

5. 规范性原则

面试试题命制的规范性指试题内容明确具体，形式严谨不产生歧义。例如在结构化面试中，试题一般为 3 道，可分别设置为综合分析题、人际关系题和组织协调题，不能都是一个类型的题目，以此确保面试试题在内容和形式上都具有规范性。

（二）试题命制的要求

面试试题尽管类型繁多、性质不同、功能各异，但在命制时，都应符合共同的质量要求。根据人才测评理论与命题实践，试题命制应符合以下几点要求：

1. 试题的构成应具有合理性

试题内容应当能覆盖面试测评的全部或重点要素；试题的表述必须文字简练、用词恰当，意思确切明了；试题的形式尽量短小精练，尽可能采用“大题化小，成套组合”的方式；试题答案应具有多样性和拓展性，有利于全面考察应试者，测试出真实水平。

2. 试题设计要灵活、新颖

灵活，就是试题的形式与内容都要灵活，试题要具有开放性、启发性，使应试者愿意谈、可以谈、能谈好；新颖，就是强调命题观念新、角度新、材料新、形式新。试题不是单纯考察应试者对知识的记忆，而且要考察应试者对概念、原理的理解与应用以及能力素养。

3. 试题的难易程度要适中

试题的难易程度是指每道试题的难度大小和各种难度试题的构成比例。以结构化面试为例，试题的难易程度应该根据考试目标要求和应试者的一般水平来设计。试题所选用的材料应当是应试者熟悉的，试题内容力求与应试者的实际生活、认知水平相接近，以便应试者快速理解、正确辨析、从容作答，使考官能够了解应试者思想水平和素质能力的真实状况。

4. 试题应具有原则性和独立性

面试试题中不能有与教材、公开印发的复习资料、参考资料中完全相同的文字表述，更不能原封不动地照搬有关书刊、材料中的试题。试题之间应当彼此独立，特别是不得含有其他试题的答案线索。

5. 试题的数量不宜过多

每套试题的题目以 3 道为宜，每道题一般有 1 个设问句，特殊情况不得超过 2 个设问。

（三）试题命制的基本环节

命制试题基本环节包括：制订计划、编制题本和试题分析。

1. 制订计划

制订计划，是指对整个试题命制工作作通盘的总体构思，即把岗位职责以及由其所决定的岗位条件等一些最基本的内容确定下来，使命制试题的工作有所遵循。事实证明，制订好计划，是试题命制工作有计划、有步骤顺利完成的保证。

计划应该包含明确的内容，即：测评目的、测评项目、测评对象、题型、取材范围、对命题工作质量与数量的要求、工作流程与进度等。

2. 编制题本

在完成计划制订的基础上编制面试试题题本。题本包括应试者用题本和考官用题本。应试者用题本内容一般为试题或试题及要求。考官用题本除试题外，一般还附有答案要点或参考答案。

3. 试题分析

题本编制好以后，要对试题的质量进行鉴别，即对试题的科学性、难易程度、类别结构等进行分析判断，以确保试题的质量和面试的可行性。

二、试题命制的重点

面试主要是为了弥补笔试的不足，目的在于对应试者素质、知识、能力水平及仪表风度等进行全面而客观的考察，以选拔出优秀人才。因此，面试命题的侧重点应放在专业知识深度、广度与灵活应用程度，工作态度、工作能力、工作经验，语言表达能力、开拓进取意识、组织协调能力、灵活反应能力、环境适应能力、自我控制能力，仪表风度、个性特质、心理品质等方面。以上这些方面都是笔试不能或不易测查到的，必须通过面试来考察。

试题命制前，命题者应对招聘岗位作深入分析，重点明确该岗位需要什么样素质的人，以及怎样通过面试考察出这些素质。此外，命制好的试题还应经过测试，了解其适用性和区分度，进行反复修改完善。

按照面试考察的具体内容划分，可分为三大类型：一般能力试题、领导能力试题和个性特征试题。下面，对各类试题的命制进行具体说明。

（一）一般能力试题

一般能力试题，主要侧重考察应试者在处理各类问题或任务中需要的一般能力素质。主要包括：综合分析能力、逻辑思维能力、语言表达能力、人际沟通能力、应急应变能力、执行力等。在试题命制过程中，需要根据所考察不同能力的特点，设计出最有代表性的题目。

1. 关于综合分析能力

综合分析能力试题的设计，往往需要以某个社会现象或当下时事热点为题材，要求应试者针对这一现象展开论述或说明对该时事热点的看法，以考察应试者的综合分析能力。

2. 关于逻辑思维能力

逻辑思维能力是指对事物进行观察、比较、分析、综合、抽象、概括、判断、推理的能力，是采用科学的、合乎逻辑的方法，准确而有条理地表达自己思维过程的能力。逻辑思维能力一般无法直接以面试题目的形式来考察，考官可在应试者回答问题的过程中，通过评估应试者作答是否有条理、是否全面等，来间接考察其逻辑思维能力。

3. 关于语言表达能力

对语言表达能力的考察贯穿于整个面试过程，可以单独出题来考察，比如面试开始后，首先让应试者作一个简单的自我介绍，这样既有助于考官对应试者有一个基本了解，也能够借此考察其语言表达能力。再如，演讲面试和主持播音情境面试，也是重点考察应试者语言表达能力的有效方法。

4. 关于人际沟通能力

人际沟通，是指人们之间的信息交流过程，是人们在共同活动中彼此交流各种观念、思想和感情的过程。这种交流主要通过语言、表情、手势、体态以及社会距离等来表示。对人际沟通能力的考察，可以假设一个沟通情境，要求应试者回答在这一具体情境下，应该如何进行有效的沟通与交流。

5. 关于应急应变能力

应急应变能力，是指面对紧急意外事件等压力，能迅速作出反应，并寻求合适的方法，使事件得以妥善解决的能力，也就是应对变化的能力。考察应急应变能力可以通过设置紧急情境的方式，要求应试者回答处理方法，也可以通过现场临时提问的方式，给应试者施加压力，来考察其随机应变能力。

6. 关于执行力

执行力，是指在约定时间内高效完成工作任务的能力，执行力主要与个人的工作能力和工作态度有关。在面试中，由于无法直接进行操作，主要通过测评应试者能否在给定的任务情境中抓住问题的重点、分清任务的主次等，间接考察执行力。

（二）领导能力试题

领导能力其实就是对他人产生影响的过程。领导能力试题侧重考察与应试者领导能力相关的能力和素质。这一类型的题目主要是针对管理岗位设置的，考察内容主要包括：计划能力、决策能力、组织协调能力、科学管理能力、领导方法与领导艺术、职位特殊能力等。领导能力类试题主要用于选拔中高级管理岗位人选和领导干部。

1. 关于计划能力

计划能力，是指对实际工作任务提出实施目标，进行宏观规划，并制订实施方案的能力。在面试操作中，无法通过具体的任务来直接测查应试者的计划能力，但是可以通过组织培训、承办会议、实施项目等活动类试题间接考察其计划能力。若采用灵活性面试的形式，则可以通过询问应试者是否组织过活动以及怎样组织的，来测试其计划能力。

2. 关于决策能力

决策能力，是指对重要问题进行及时有效的分析判断，作出科学决断的能力。对决策能力的考察，通常是预设一个问题情境，有多个备选的解决办法，然后要求应试者在几个备选选项中作出选择，并说明选择的理由。

3. 关于组织协调能力

组织协调能力，是指为完成一定的工作任务而预先作出系统安排并合理调配各种资源的能力。考察应试者是否具有组织协调能力，面试中大多会预设一个较为复杂的任务情境，需要合理调配资源才能完成其中包含的多项工作任务，要求应试者陈述该如何做，并解释这么做的理由。

4. 关于科学管理能力

科学管理能力，是指从事管理工作所需要的才能，主要指采用科学的管理手段来发挥团队成员的优势和潜能，极大提高工作效率的能力。在面试中，可以通过应试者能否合理安排不同能力特点的员工完成工作任务，来判断其管理是否科学、合理。若应试者能够根据不同员工的特点，合理安排工作内容，说明具有较好的管理能力。

5. 关于领导方法与领导艺术

领导方法，是指领导者从事领导活动（包括认知活动和实践活动）所运用的方式和手段。领导艺术是指领导者在自己的知识、经验、才能、人格魅力和气质等因素的基础上，创造性地运用领导科学、原则和方法所表现出来的高超技巧。领导方法与领导艺术很难通过面试题目进行直接考察，可通过无领导小组讨论、模拟测试等间接进行考察。

6. 关于职位特殊能力

职位特殊能力，主要是指履行不同工作岗位职责要求所必须具备的特殊能力，如科研岗位的数据分析能力、编辑岗位的文字写作能力等。在设计职位特殊能力的试题时，需要先咨询相关领域的专家以及同类岗位的资深员工，以保证试题所测试的内容切实符合该岗位要求。

（三）个性特征试题

个性特征主要指应试者在面试中表现出来的气质风度、情绪稳定性、自我认知等。在公务员录用和事业单位公开招聘人员面试中，普遍着重考察应试者的一般能力，如逻辑思维能力、人际沟通能力、应变能力及组织协调能力等，但是对应试者个体特征方面的考察还不够充分。在实际工作中，个性特征是影响工作效率的重要因素，因而对个性特征的考察是非常必要的。个性特征试题考察的能力主要包括情绪控制能力和自我认知能力。

1. 关于情绪控制能力

情绪控制能力，是指在受到较大压力或处于不利情况时，能保持稳定，恰到好处地表露自己的情感，冷静地处理各种事务，并约束自己行为反应的能力。在面试过程中，对应试者的情绪控制能力的考察，主要通过观察和评判应试者在面试中的情绪变化及调整情况来实现，尤其在压力情境中，更能直观地展示出应试者的情绪控制能力。

2. 关于自我认知能力

自我认知也叫自我意识，是指对自己的洞察和理解，包括对自己行为和心理状态的认知。自我认知能力，是个体认识自我、客观评价自己的高级认知能力。在面试中，考察自我认知能力，可以要求应试者客观评价自己，或者说明自己在哪些方面适合本岗位。

三、试题题型的选择

试题题型即试题的类型，是根据形式和特点的不同对试题所做的分类。对面试试题类型的选择，应根据各招聘单位的不同特点，以及不同岗位的实际要求确定。比如，管理类岗位所需要的能力主要包括人际沟通、组织协调、语言表达等，在面试试题题型的选择上，要倾向于那些便于考察应试者人际沟通、组织协调、语言表达能力的题型。

下面将以结构化面试为例，具体说明试题题型的选择。

结构化面试是面试中最规范、使用最广泛的形式，考察的内容主要包括综合分析能力、语言表达能力、应变能力、计划组织协调能力、领导能力、人际交往的意识和技巧、自我情绪控制、求职动机与岗位的匹配性、举止仪表等，涵盖各类与岗位相关的通用要素和专业要素。

一般来说，结构化面试的试题设置与面试要素，都有比较常见的对应关系，见表2-1。

表 2-1　　结构化面试试题与面试要素对应表

面试试题	面试要素
专业知识	根据职位具体要求和应试者的教育背景，有针对性地提出问题
语言表达能力	①请用 2~3 分钟简要介绍一下你的个人简历 ②谈谈你过去学习或工作中最满意的一件事 ③对“寒门再难出贵子”进行辨析
实践经验	①你过去的工作经历对所报考职位的工作会有什么影响？ ②举例说明大学生社会实践对将来就职的积极作用
综合分析能力	①有人说自己最了解自己，有人说自己的内心是最难看清的，你怎么看？ ②联系实际，请你谈一下对“城门失火，殃及池鱼”的理解 ③在过去的学习或工作中，你认为哪些经验值得好好总结？
反应能力	①请问你在第一次承担任务时，遇到最困难的问题是什么？你是如何解决的？ ②谈谈你近期遭遇的一次挫折，以及你是如何渡过难关的？
情绪控制能力	①在同等条件下，你的同事被提升为领导，你会在他的领导下工作，你将怎样对待？ ②在工作中，如果莫名其妙地受到领导批评，你将如何对待？
工作态度	①领导给你安排的工作任务比别的同事工作量大得多，你会怎么想？ ②你怎么看待工作中的“老黄牛精神”？
事业进取心	①你准备怎样实现自己事业的奋斗目标？ ②倘若这次你不被录用，你有何打算？
人际沟通能力	①你工作能力强，得到领导的肯定，但发现你的同事们越来越孤立你，你怎么看待这个问题？ ②同一办公室的几位同事都性格内向，你将怎样与他们相处？

【延伸阅读】

××省公务员录用面试题本（考官用）

一、你的工作技术性强，而你的主管领导对技术操作不熟悉，经常叫你做一些徒劳的工作，让你很困惑，你会选择以下哪种做法？为什么？（本题满分 10 分）

A. 继续留下来努力适应

B. 找领导沟通

C. 换到一个更合适的部门

测评要素：心理素质与应变能力

选项分析：

1. 选择 A，心理素质及挫折容忍力高，能够有效应对环境及工作岗位。

2. 选择 B，心理素质及挫折容忍力一般，应对环境及工作岗位的能力一般。

3. 选择 C，心理素质及挫折容忍力较低，应对环境及工作岗位的能力较低。

评分标准：

1. 选择 A，得 7~10 分。

2. 选择 B，得 4~6 分。

3. 选择 C，得 1~3 分。

二、早上刚上班，你正在赶写一份重要的会议文件，这时，突然接到一个紧急电话，你的家人有病住院，要你马上去医院。刚放下电话，领导又让你接一位外地的重要客人，派你去火车站。你打算如何处理这几件事？（本题满分 25 分）

测评要素：综合分析能力

答题要点：

1. 首先确定几件事情中哪一件最为重要。

2. 如果都很急，在不能兼顾的情况下，可以找其他同事代替。

3. 如果找其他同事代替也不行的话，可以打电话解释。

评分标准：

1. 以上三点都答出，表述清晰，综合分析能力强，得16~25分。

2. 回答出以上两点，表述较清晰，综合分析能力中等，得7~15分。

3. 回答出以上一点，表述尚可，综合分析能力不高，得1~6分。

三、在实际工作中，你如何看待“知识”和“能力”？（本题满分20分）

测评要素：逻辑思维能力

基本概念：

知识的概念。知识包括专业知识、文化知识、政治理论知识、社会知识、科技知识等。相关知识，指相近或交叉专业的有关知识，对这些知识的了解有助于专业知识的深化和提高。

能力的概念。能力是公务员和事业单位工作人员的基本素质之一，能力的高低直接影响到公务员和事业单位工作人员对于问题的观察、理解和思考，关系到对问题处理的好坏。普通人能力大体相当，只是不同的人对于能力的各个方面有所侧重，有人擅长抽象逻辑思维，有人擅长形象思维，有人善于观察，有人敏于反应。

答题要点：

1. 解释“知识”与“能力”的基本概念。

2. 谈“知识”与“能力”的辩证关系。

3. 谈“知识”与“能力”的意义。

评分标准：

1. 回答出以上三点，概念清楚，逻辑严谨，概括全面，得16~20分。

2. 回答出以上两点，概念较清楚，有逻辑性，概括一般，得7~15分。

3. 只回出答以上一点，概念不清楚，逻辑较乱，概括较差，得1~6分。

第四节　面试考场设置

面试考场是面试的主战场，是应试者展示才华的舞台，是考官选才的赛马场。因此，面试考场选择、设置的好与坏，直接关系到面试结果的成与败。面试考场设置不是找一间空闲教室或会议室那么简单，应当引起面试组织机构的足够重视。考场环境因素也会影响应试者的面试表现。如，在布置考场时，应试者与考官的距离不宜太近，否则可能会使应试者产生过大的心理压力，从而影响面试。在不同的面试形式下，应试者面临的考场环境也是不同的。比如在结构化面试和情境模拟面试中，一名应试者需要面对多名考官，承受的心理压力较大。而在无领导小组讨论或结构化无领导小组讨论面试中，多名应试者同时面对多名考官，每一名应试者面对的压力就相对较小。这些都是考场环境对面试的影响。

一、结构化面试考场设置

结构化面试考场的选择设置应当注重以下 4 个方面的问题：

1. 考场位置。考场所在位置的周边环境必须无干扰、安静（通常采用办公场所有前后门的会议室，或便于分离考试人员的宾馆会议厅）。

2. 考场面积。考场面积应适中，一般以 30~40 平方米为宜（根据考官人数的多少和当时的情况作出相应的调整）。

3. 考场环境。考场环境主要是指考场室内的温度、通风条件和照明度。面试时，考场的温度不应过低或过高，以 18 ~ 23 ℃为宜。否则，考官、应试者都会感到不适应。考场通风条件也很重要，如果封闭过严，时间一长，考场内空气变得浑浊，会使考官、应试者感到缺氧，影响面试。因此，考场窗户不宜关严，应保持室内通风。另外，面试考场的灯光不宜过弱或过强，特别是不能让灯光直射考官席或应试者，通常以自然光照为宜。

4. 恰当设置面试室与候考室。除面试室外，面试考场还应根据应试者的多少设立若干候考室，候考室的选择应与面试室保持一定的距离，以免相互影响。

关于面试室的布置，在公务员考录和事业单位公开招聘工作人员面试中通常采用如下模式：

（1）圆桌会议形式：多个考官面对应试者。通常是考官们以应试者的座位为中心，以扇形围坐。

采用圆桌会议的形式，应试者不会觉得心理压力太大，同时气氛也较为严肃。考官与应试者成一定角度而坐，可以避免双方目光过于直视，有利于缓和应试者心理紧张，避免心理冲突，同时也有利于考官对应试者进行观察。

（2）会谈形式：考官与应试者相对而坐，距离在两米左右，这种形式便于考官对应试者仪表举止、表情姿态进行全方位观察，也便于主考官提问、交流。

在面试中，考官与应试者不同的位置安排，产生的面试效果是不同的。如果考官与应试者坐在桌子的同一侧，虽然对于应试者心理压力较小，但考官的位置显得不够庄重，而且也不利于考官对应试者的表情、姿势进行观察。

二、无领导小组讨论面试考场设置

无领导小组讨论面试中，所有考官与应试者处于同一考场，一般有 3 种布置形式：一是 O 形，即应试者围坐成 O 形，考官在应试者旁一字排开或围坐（见图 2-1）；二是 U 形设置：应试者呈 U 形围坐，考官席在应试者前一字排开，考官与应试者相对（见图 2-2）；三是菱形设置，即应试者席呈菱形排列，考官席在应试者席旁一字排开（见图 2-3）。

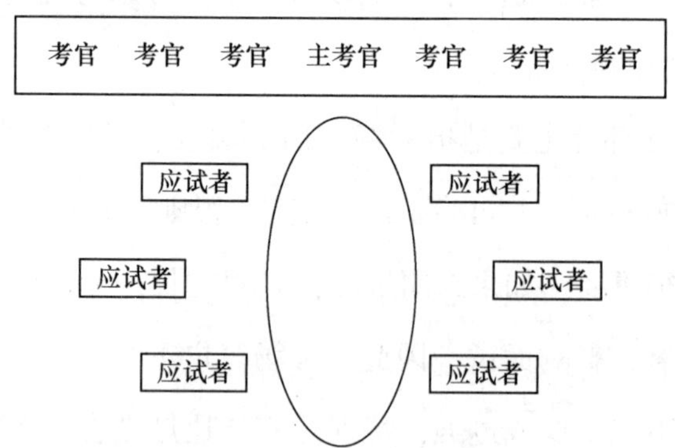

图 2-1　无领导小组讨论面试考场 O 形设置示意图

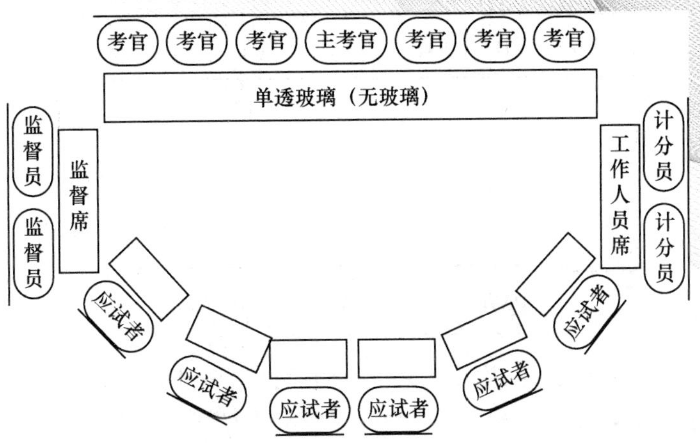

图 2-2　无领导小组讨论面试考场 U 形设置示意图

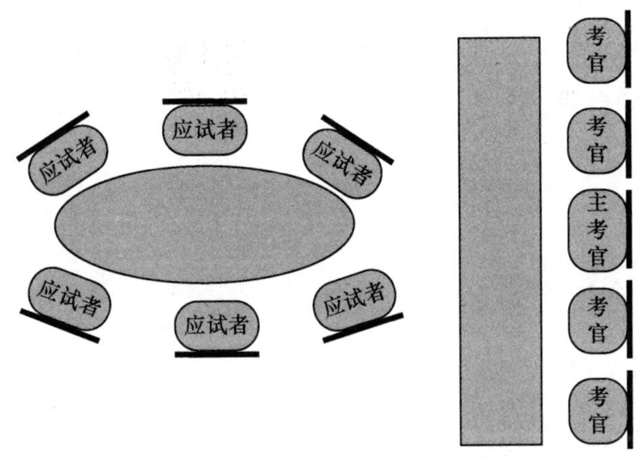

图 2-3　无领导小组讨论面试考场菱形设置示意图

三、结构化无领导小组面试考场设置

结构化无领导小组面试与结构化面试考场设置大体一致，所不同的是应试者席由单人席变为多人席（见图 2-4）。

四、说课与讲课面试考场设置

说课与讲课面试考场一般应在正规教室中设置，应试者席就是讲台，考官座席面向讲台，应在距离讲台 3~5 米的地方一字排列，监督员和计时员、计分员座席在考场两侧布置。

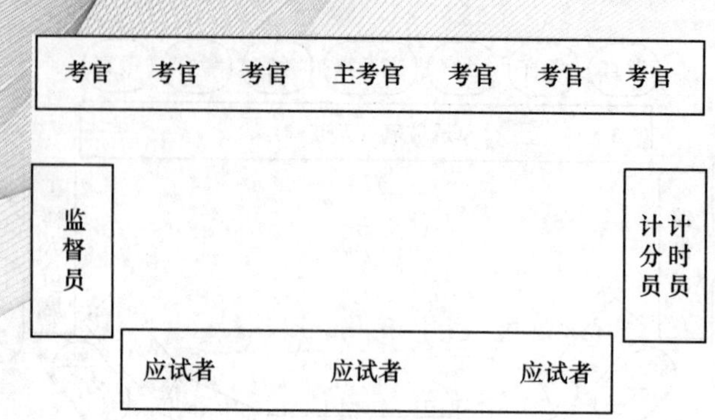

图 2-4　结构化无领导小组面试考场设置示意图

五、灵活性面试考场设置

由于企业面试形式比较灵活，面试考场设置也相对随意，可设置在主管人员办公室、会客室、会议室等处，这种灵活形式和面试考场的随意性，有利于应试者放松精神，充分展现真实的自我。

第三章　面试测评与成绩评定

第一节　面 试 测 评

一、面试测评概述

面试测评是指考官依据招聘岗位所要求的素质与能力，通过不同的面试形式，对应试者的仪表风貌、综合分析能力、逻辑思维能力、语言表达能力、人际沟通能力、组织协调能力、应急应变能力、领导力与执行力、情绪控制能力、求职动机和工作态度等方面进行全面衡量、判断，就应试者是否符合岗位要求、能否胜任该岗位得出结论的一种方法。面试测评一般位于笔试之后，是招聘过程中的重要环节，由于岗位需求、招聘条件、题型以及测评侧重点和要素选择的不同，不同考官对同一应试者的应答方式、内容和行为举止等测评效果的认识也可能会有偏差，造成评价上的差异。

二、面试测评要素

公务员录用和事业单位公开招聘中的面试测评要素分为通用要素和自设要素两种。通用要素主要包括：综合分析能力、逻辑思维能力、语言表达能力、人际沟通能力、组织协调能力、情绪控制能力和举止仪表。自设要素是用人单位基于新进人员履行岗位职责的特定需要，自行设定的特殊要素。

三、面试测评标准

（一）面试测评标准的含义

面试测评标准，就是考官用来评价应试者面试成绩的基准。面试测评的最终目标，是要考察应试者的思想状况、能力水平、心理素质是否符合岗位的要求，并且在多大程度上符合这种要求。面试测评标准通常由 3 个方面构成：一是指标，即反映应试者素质的典型行为表现；二是刻度，即描述这些典型行为表现所体现各种能力、心理素质的数量水平或质量等级的量表系统；三是联系规则，即刻度与指标间的对应关系。

（二）面试测评标准的基本内容

面试测评的根本目的，是衡量应试者的能力素质、资格条件是否符合岗位要求，以及符合的程度，明确是基本符合要求，还是完全符合要求。考官将应试者的表现与岗位的要求相对照，对匹配程度给出一个量化的描述。因此，面试测评标准包含 3 个方面的基本内容：一是测评项目，即主要考核应试者的基本方面，测评项目应与试题有机结合；二是测评指标，即反映应试者素质的典型行为表现，是确定得分的依据；三是测评标度，即根据测评指标确定分值的区域，反映所测定素质的级别水平与差异。

（三）面试测评标准应符合的基本要求

1. 要切实体现岗位对人员能力、个性品质和资格条件的要求，标准过高或过低都会影响人力资源配置的合理性、准确性、科学性。

2. 不应包含与岗位及测试题目无关的内容和要求。

3. 表述清晰，可参照性强，尽量避免考官的理解出现偏差。

4. 评分体系符合一般的模糊评价习惯，根据各因素的重要程度和评价结果，以量化的方式实现定性评价，削弱考官主观判断对评分的影响。

5. 评分规则明确、具体，便于掌握和操作。

四、面试测评方法

面试测评方法也就是面试的评价方法与技巧，是指考官在面试实践中运用的基本技术与方法。不同形式的面试所采用的方法不尽相同，但仍存在着共同的基本技巧。面试过程就好像是中医问诊的过程，可以通过“望、闻、问、切”，即综合运用观察、倾听、发问和评价的方法，对应试者作出测评。

（一）全面“望”

1. 谨防误入歧途，以貌取人

容貌与人的内在素质本来没有必然的联系，但是受日常生活中的心理定势，以及其他社会因素的影响，一些考官难免先入为主，或以自己的好恶来作为评判标准。在"望""闻""问"三者中，最先获得的是"望"的信息，"闻"与"问"的信息获取具有滞后性，因此必须谨防以貌取人现象的发生。

2. 要善于发挥目光的作用

人的眼睛不仅有观察的能力，而且还有表达的功能。面试中，在听应试者回答时，面试考官的目光要恰到好处、轻松自如。俯视、斜视、直视，都将使应试者感到不舒服、紧张，从而会产生一种压力，使身心处于一种不自在的状态中。在室内一对一面试，考官与应试者两人的目光距离一般应为1~1.5米，考官的目光大体要在应试者的嘴、头顶和脸颊两侧这个范围活动，同时可以伴以和蔼的表情、柔和的目光与微笑。

3. 坚持目的性、客观性、全面性与典型性原则

目的性原则，就是面试考官要事先明确面试目的、观察重点与评价标准，确保面试活动紧紧围绕面试目的来开展。面试考官应该能够从应试者诸多的行为反应中，迅速而准确地捕捉到具有揭示作用和评价意义的信息。客观性原则，要求面试考官实事求是，从应试者的实际表现出发进行测评。全面性原则，就是面试考官应从多方面去把握应试者的内在素质，从整体行为反应中系统、完整地测评某种素质，而不能仅凭某一个行为反应就下断言。不但要从一般的问题中考察应试者素质，而且还应该创造条件在激发、干扰的状态下考察应试者。典型性原则，要求面试考官捕捉那些带有典型意义的行为反应，也就是能够从本质上揭示内在素质的行为反应。

4. 充分发挥感官的综合效应与直觉效应

面试主要靠视觉与大脑推断的共同作用集眼看、耳闻、问答与分析于一体，因此会产生一种共鸣同感的综合效应。其中，直觉效应尤为明显，这是其他测评形式所没有的。因此对于经验丰富的面试考官来说，可以充分发挥其直觉的作用，再通过具体的观察去验证、说明，从而得到相对客观的判断。

（二）善于"闻"

1. 要善于倾听

倾听是接收语言和非语言信息，确定其含义并对此作出反应的过程。听和倾听是有区别的。当我们倾听的时候，我们的心灵就像一个开放的仓库，能够接纳大量的思想和信息，并且可以听到语言背后的声音，从而进行深层的归纳、判断。对于具有人才测评技能和面试工作经验的考官来说，不仅要认真听、专注听，而且要善于听、懂得听，才会对考生作出准确、客观、真实的评判。

2. 要善于把握与引导应试者的情绪

企业招聘面试过程中，考官在倾听应试者回答问题时，要善于把握与引导对方的情绪，使之处于良好的状态，利于正常发挥。当应试者突然出现紧张、情绪激动时，考官可以通过语言安慰，稳定应试者的情绪，待其冷静后再进入正题。当应试者情绪过于低沉时，可以采取“调动”“鼓励”“刺激”等方法。当应试者处于高度警戒状态而表现出异常紧张时，面试考官可以采取夸奖技巧，营造一种亲切感。

需要注意的是，上述灵活性、随机交流的方式不适用于公务员录用和事业单位公开招聘以及领导干部选拔面试。

（三）巧妙“问”

1. 自然、亲切、渐进，聊天式导入

无论哪种面试都要有导入过程，在导入阶段中的提问应自然、亲切、渐进，聊天式地进行，提问方式要和蔼、可亲，这样可以消除应试者过度紧张的情绪。例如，应试者进入面试考场后，考官应面带微笑或主动向应试者点头示意，指引座位，待应试者坐稳后，考官可讲：“你好，祝贺你顺利通过了笔试。”稍作停顿，进入导入语：“今天的面试，是希望增进我们对你的了解。我们会向你提出一些问题，请你发表自己的见解。希望你认真回答，尽量反映出自己的真实想法，充分展现你的才华。不要紧张，我们现在开始。”

2. 换位思考，调和气氛

考官应尊重应试者的人格，要以示平等，以理待人，使面试过程处于一种和蔼亲切的气氛中，让应试者对考官有一种信任感与亲切感，愿意说出自己真实的想法，从而反映出应有的水平。理解与同情是沟通情感的基础，如果考官具有同理心，能够换位思考，那么面试将获得更加理想的效果。

3. 提问通俗、简明、准确

面试时考官的提问，应力求做到通俗、简明、准确，不给应试者造成歧义，不要使用生僻字，不使用专业性过强的词汇，提问的内容和方式都要符合应试者的接受水平。除特殊要求外（如压力面试），一般不要提使应试者难堪的问题，也不要纠缠于某个枝节性问题（如对某个概念的理解，或对某个观点、学派的争论等）。

在公务员录用和事业单位公开招聘工作人员的面试中，采用结构化面试形式提问时，叙述一个问题的时间大约为2~3分钟。超过这个限度，不论应试者，还是考官，都会感到啰唆或疲倦，进而影响面试的效果。

4. 先易后难，循序渐进

面试中提问的内容，尤其是基本问题与重点问题，都要事先安排好。问题的提出，应遵循先易后难、先具体后抽象、先微观后宏观的原则，这样有利于应试者逐渐适应、展开思路、渐入佳境。

5. 必要时可以声东击西

在企业招聘面试中，当应试者不太愿意回答某个问题，而考官又想对其想法有所了解时，可以采取声东击西的策略。例如，对于敏感的问题，可以转问："你的伙伴们对这个问题或这件事是怎么看的?"在应试者回答的时候，可以间接了解到对方的观点。

6. 坚持问"准"、问"实"原则

要提高面试的效度与信度，不仅要问"好"，问"巧"，还要问"准"、问"实"。面试提问的目的，是进一步考察应试者的思想水平和能力素质。因而提问要探"准"、探"实"应试者的优势与缺点，而不是去问"难"、问"倒"（压力面试除外）应试者。提问必须有利于充分展现应试者的经验、潜能与特长，有利于应试者真实水平的发挥。

7. 为应试者提供弥补缺憾的机会

由于应试者在面试中处于被动地位，尤其是那些初次参加面试的应试者易过度紧张，开头几个问题往往发挥不出自己应有的水平，因此，考官在提问过程中要注意随时给应试者创造弥补缺憾的机会，要善于观察、善于提问，对难度大的问题，要适当启发或给予适当思考时间，也可以在面试结束前，提出1~2个可供应试者自由发挥的问题，这种方式在灵活面试中较常用。

（四）正确"切"

面试经过"望""闻""问"，最后都必须归结到"切"，即评价上来。为了提高评价的效率与效果，应当注意以下方面：

1. 选择适当的测评标准

面试测评的标准，是一个体系，一般由测评项目、测评指标与测评标度共同构成。测评项目规定所测素质的性质、内容与范围；测评指标揭示所测素质的形式、特征与标志；测评标度规定所测定素质的级别、水平与差异。

测评项目是需要考察的应试者的主要方面，如仪表风貌、各项能力、求职动机、工作态度等。测评指标有 3 种形态：一是具有典型意义与客观识别的行为。例如，应试者出汗，眼睛不敢正视考官，回答拖泥带水等，这些能反映出应试者的自信度和性格。二是从测评项目中演绎出的“要素”或“着眼点”。例如，“态度”项目中的 3 个“着眼点”：回答问题是否认真；表情与动作是否自然；是否沉着。三是现象描述语，这是用于衡量应试者行为的考官的主观反映。例如，“语言表达力”的测评指标是：表达是否简明，措辞是否恰当，讲话是否通畅，内容是否得当；“分析能力”的测评指标是：对问题认识的深度，综合分析的全面性，对概念阐述的清晰度。测评标度有以下形式：词语描述式。例如，对于分析问题能力的评价可以是“能抓住实质”“接触到实质”“抓不住实质”等；程度级别式。例如，“很”“一般”“较”“不”等。此外，还有符号等级式、分数式等。

2. 分项测评与综合印象测评相结合

当面试要测评的内容与捕捉到的信息都比较多时，为了提高评判的准确性，进行分项测评是必要的，但是也应该设计一个综合印象测评项目，对应试者进行整体性的测评。这样不但发挥感官知觉的作用，而且也有利于突出各种感官综合共鸣的特点，有助于提升面试效果。

3. 横观纵察，比较判断

横观，是指对不同应试者在同一项目上行为反应的比较；纵察，是对同一应试者在不同问题上行为反应的比较。面试中有些难以直观揭示与把握的测评项目，此时应采取横纵比较的方式，使几名应试者同时处于考场中进行集体面试，通过应试者之间的比较进行判断。

五、面试测评要点

面试测评要点，即评分点。考官评判应试者的答题思路是否明了、分析是否全面、方法是否可行、措施是否得力、结论是否合理，依据就是面试测评要点。

面试测评要点需要以用人单位的专业特点、岗位的要求等为依据，通过测评专家以及相关领域专业人员的研讨和分析，将应试者应当具备的素质条件一一列举出来，进行合理取舍之后，最终确定下来。

面试测评要点的掌握，必须借助相对应的测评指标来实现。比如对于“语言表达能力”这个要点，可以通过“语言是否有逻辑性、条理性”“吐字是否清晰”“语音语调状况”等具体指标来进行测评。对于一些无法通过具体指标来描述的评分点，可以用“优、良、中、差”的方式进行测评。

（一）综合分析能力试题

考官在观察、分析、判断应试者回答问题的基础上，从以下 3 点评价应试者回答是否全面，逻辑条理性是否清晰明了：一是能否从宏观方面对事物进行总体考虑；二是能否从微观方面对事物的各个组成部分别考虑；三是能否注意整体和部分之间的相互关系，以及各部门之间的有机协调配合。

例如：某地为加强对扶贫干部的管理，不惜动用高科技手段查岗。对参与扶贫工作的第一书记，驻村工作人员实行 GPS 定位管理。请对此谈谈你的看法。本题有 3 个评分点：一是看应试者在对试题作分析后，是否认为应对扶贫干部加强管理，加强管理的重要性是什么；二是看应试者是否谈到对扶贫干部实行 GPS 定位管理的认识；三是应试者是否提出了科学化、人性化、有效管理的办法。

（二）人际关系能力试题

这一类试题，主要考察应试者有目的地建立自己与他人、团体的关系，并在维持良性人际关系的基础上，有效拓展人际交往范围的能力。

例如：你和一名同事共同完成一项工作，完成得很好，受到上级领导的表扬，但这名同事在向大家汇报时，把你的功劳说成他个人的成绩，对此，你怎么看？主要从 3 个评分点观察应试者的答题思路：一是为人处世的基本原则，即诚实、守信、理解、宽容、帮助等；二是了解正确处理人际关系的一些基本原则，同时还了解所报考岗位对人际关系处理、协调的特殊要求；三是此类问题的基本评分点，即八字方针：冷静、反思、沟通、扬弃。

（三）计划组织协调能力类试题

这一类试题主要考察应试者组织计划、安排日程、调配资源，并对冲突各方的利益进行协调的能力。例如：领导让你对新招聘的工作人员进行一次岗前培训，你怎么安排这次培训？这类题目实践性较强，与工作联系紧密，考官应重点把握：应试者思路是否清晰，条理是否分明，事前准备是否充分，计划制订是否科学，事中运行是否合理，组织协调是否得力，事后总结是否全面。

（四）逻辑思维能力试题

逻辑思维能力试题的测评要点是：观察应试者是否对事物正确进行观察、分析、综合、抽象、概括、判断和推理；是否采用科学的逻辑方法，准确而有条理地表达自己的思维过程；是否概念清楚、逻辑严谨、概括全面、条理清晰。对于逻辑思维能力，有时会单独设置试题，但多数情况下会包含在其他试题中，考官通过应试者对试题的阐述，观察其逻辑思维能力。

（五）语言表达能力试题

语言表达能力试题，主要看应试者是否能够将自己的思想、观点流畅地用语言表达出来，测评要点为：语言表达是否流畅清楚、是否具有感染力。除特殊行业，如播音员、讲解员、演员、教师等专门人才招聘需专门设置语言表达能力试题外，一般情况下会通过其他试题回答来完成测试。

（六）应急应变能力类试题

应变能力是指面对意外事件的压力，能迅速作出反应，并寻求合适的方法，使事件得以妥善解决的能力，通俗地说就是应对突发事件的能力。在面试中，此类试题主要看应试者的回答是否机智敏捷，对意外事件的处理方法是否正确妥当。

（七）举止仪表

举止仪表是指应试者的外在形象，通常指一个人的外貌、气质、衣着、举止、表情、精神状态等。良好的举止仪表为：外饰形象符合个人气质，衣着整齐干净，仪表端庄，形象自然大方，精神饱满，举止得体，精力充沛。

六、面试评分表

（一）面试评分表的构成

面试评分表集中体现面试测评标准，是面试考官手中的重要工具，是实现面试标准化、结构化的重要手段。在面试中，考官一边提问，一边倾听回答，观察应试者表现的同时，将其表现与评分表上的测评标准相对照，完成打分。

面试评分表中包含考场编组、抽签顺序号、测评要素及其权重、测评指标、评分标准、考官记录及评语等方面的内容，这些内容可以根据实际需要进行调整。在公务员录用和事业单位公开招聘工作人员面试中，评分表上不得出现应试者基本信息，如姓名、性别、准考证号、报考岗位等项目。

面试评分表采用百分制，在多名考官评价同一位应试者的结构化面试中，在计算分值的时候采取加权平均值。

结构化面试评分表见表 3-1。

表 3-1　　结构化面试评分表

考场编组：　　　　顺序号：

测评项目	测评指标	评分区域	得分
仪表风度举止	仪表端庄，精神饱满，举止得体	10~25	
	仪表端庄，精神一般，举止尚可	4~9	
	仪表一般，精神欠佳，举止一般	1~3	
口语表达能力	语言流畅，表达清晰，富于感染力，应变力强	10~20	
	语言流畅，表达清楚，感染力一般，应变力差	7~9	
	语言欠畅，表达不清楚，感染力较差，应变力差	1~6	
应变能力	对突发情况反应灵敏，处理方法正确	7~10	
	对突发情况反应尚可，处理方法基本正确	4~6	
	对突发情况反应迟缓，处理方法不当或束手无策	1~3	
综合分析能力	抓住实质，分析透彻，综合得力，创新合理	16~25	
	接触实质，分析较好，综合尚可，建议合理	7~15	
	未见实质，分析一般，综合不力，建议不合理	1~6	
逻辑思维能力	概念清楚，逻辑严谨，概括全面，条理清晰	16~20	
	概念清楚，有逻辑性，概括一般，条理尚清	7~15	
	概念不清楚，无逻辑性，概括不全，条理不清	1~6	
合计			

考官：＿＿＿＿＿＿　　　　测评日期：　　年　　月　　日

（二）面试评分表的等级标度

面试评分表的等级标度一般有两种基本形式：定量标度和定性标度。

定量标度采用数字形式，如百分制中的100分、90分、80分、70分、60分或10分制中的10分、9分、8分、7分、6分等。定性标度采用“好”“中”“差”或“符合”“基本符合”“不符合”等文字来表示。定性标度与定量标度实际上存在着一定的对应关系，可以互相置换。例如，将定性中采用的“好”“中”“差”分别与定量标度10分制中的8~10分、5~7分、1~4分相对应。

在设计面试评分表时，可把面试标准等级按“好”“中”“差”三个尺度进行划分，每一等级赋予一定的标准内容。每一项面试内容均可按照这个等级划定评分标准。例如：对于“口语表达能力”一项，“好”的评分标准是：语言流畅，表达清晰，富于感染力，应变力强；“中”的评分标准是：语言流畅，表达清楚，感染力一般，应变力差；“差”的评分标准是：语言不畅，表达不清，感染力较差，应变力差。在用词上，尽量体现等距原则，讲究评分标准等级间相互照应、层层递进，保持在分寸、程度和数量上的连续性，避免较大幅度的跳跃。

公务员考录和事业单位公开招聘面试一般采用定量标度。定量标度的好处是对应试者评价更加准确、客观，便于取舍，有利于实现面试过程和结果的公平、公正。

（三）常见面试评分表种类

1. 问卷式面试评分表。运用问卷的形式，将所要评价的项目列举出来，由考官根据应试者在面试中的行为表现对其进行评定，用打“√”的方式选择评价等级（见表3-2）。

表3-2　　问卷式面试评分表

考场编组：　　　　　　　　　　　　　　　　　　序号：

评价项目	评价等级		
	1	2	3
1. 求职者的仪表和姿态是否符合本单位工作要求？	非常符合	可能符合	不符合
2. 求职者的自我表现能力（包括表情、语言、自信）如何？	好	一般	不好

续表

评价项目	评价等级		
	1	2	3
3. 求职者的态度及工作抱负与本单位的工作目标是否一致？	一致	一般	不一致
4. 求职者的气质、性格类型是否符合本岗位要求？	符合	一般	不符合
5. 求职者的工作意愿能否在本单位得到满足？	可以	一般	不可以
6. 求职者的专业特长是否符合本岗位要求？	符合	一般	不符合
7. 求职者的工作经历是否符合本岗位要求？	符合	一般	不符合
8. 求职者的教育程度是否符合本岗位要求？	符合	一般	不符合
9. 求职者所要求的待遇及其工作条件是否适合本单位所能提供的条件？	适合	一般	不适合
10. 求职者的潜能是否有在本单位继续发展的可能？	有可能	一般	不可能
11. 求职者的口头表达能力如何？	较强	一般	较弱
12. 求职者的综合分析能力如何？	较强	一般	较弱
13. 求职者的随机应变能力如何？	较强	一般	较弱
14. 求职者的想象力和创新意识如何？	较强	一般	较弱
15. 求职者的工作热情和事业心如何？	较强	一般	较弱
16. 求职者是否有足够的精力担当此项工作？	足够	一般	不够
17. 求职者所表现出来的综合素质是否足以担任本岗位工作职务？	足够	一般	不够

综合评语及录用建议：

考官签字：________

2. 等级标准面试评分表。将每一要素划分为若干标准等级，考官根据应试者在面试过程中的行为表现及回答问题的状况，选择一个符合其实际情况的等级予以评分。

3. 题项面试综合评分表。按所提问题的顺序记分，每一评价要素对应若干题项，考官将各个题项平均得分综合统计在一张评价表上。这种评价表一般由 3 部分构成：面试提问单；提问记分表；综合计分评价表。

第二节　面试成绩评定

一、面试成绩评定概述

面试成绩的评定，是指运用评分表，根据面试过程中观察与言词答问所收集到的信息，对应试者的素质、特征以及求职动机、工作经验等进行综合判断的过程。

通过将应试者在面试中的言语和行为表现与体现岗位要求的测评指标相比较，考官科学、准确地得出评价结论（分值）。作为面试考官，除了要具备优良的品质和职业道德外，还要了解与招聘岗位相关的业务知识和能力，同时还应掌握人才测评方面的有关理论和方法，特别是与面试直接相关的面试设计思想、命题原理、提问技巧、倾听技巧和观察技巧，这些都是作出正确评定的基础。

二、面试成绩评定的方法

（一）要素内容评分法

要素内容评分法是按照面试测评要素的内容进行打分。在面试中，考官依据面试成绩评定表，根据对应试者回答问题和举止仪表等情况的观察、分析、判断，在各项内容的得分栏内打分。考官不得互相商量，应各自独立打分，互不影响。

面试进行中，考官可以用铅笔进行试评分，在面试结束时，再用钢笔标出最终得分，这样能减轻考官的记忆负担，也能保证不丢失重要信息。

（二）问答评分法

问答评分法是按照面试测评的题目进行打分。面试时，将拟定的所有题目按照顺序进行编号，考官按顺序提问，应试者逐个作答，每答完一题，考官即为此题打分，直至提问结束。这种方法的优点是：可使评分工作变得简便直观。考官根据应试者对每一问题回答的好坏程度直接打分，不需要进行转换分析，因而评分的信度高。这种方法的缺点是：一方面，对应试者的基本素质判断不明确，方法不够规范，尤其是存在一些技术问题，如题目与评价要素如何对应，各考官之间分值差距如何平衡等；另一方面，考察内容不全面，有些内容很难通过提问题的方式让应试者回答。

（三）面试评语法

面试评语是指考官对应试者面试情况做总结性的评语，是对面试分数的一种补充，对应试者的考察及录用都有重要参考价值。要素内容评分法和问答评分法都具有一定的局限性，有些需要测查的能力难以量化评定，必须有定性分析来辅助。定量和定性相结合才能构成对应试者的完整评价。

面试评语法分为两种：

1. 考官评语法。面试中，各位考官在为应试者打分的同时，要对应试者面试的总体情况作出简明扼要的评价，即概括地说明对面试者的总体印象。评语应填写在评语栏内，作为考官小组对应试者写综合评语的参考。这种方法一般在企业招聘或中层以上管理人员选拔面试中采用。

2. 综合评语法。综合评语是考官小组在对某一应试者的面试结束时，综合各位考官的评定意见，概括形成的评语。综合评语一般填写在面试成绩汇总评定表综合评语栏内。

公务员录用和事业单位公开招聘工作人员面试普遍采用的是定量评价，一般不采用评语评定，但考官给出分数超高或过低时可写出评语予以说明。

三、影响面试成绩评定的因素

（一）应试者因素

实践表明，知名大学的毕业生和有一定工作经验的应试者似乎更容易赢得考官的好感，考官很容易在评价之前就形成一种主观认识：这样的应试者一般能力比较强，素质相对高。这种主观认识对于那些教育背景一般、缺乏工作经验的应试者来说，无疑是很不利的因素。

在面试实践中，应试者的非言语行为也会对考官的评价产生影响。应试者积极的面部表现（如微笑），与考官保持眼神的善意接触，对于正面评价会有一定帮助。应试者得体的衣着，大方的举止，饱满的精神状态等非语言行为，也都会对面试评价产生影响。在考官难以根据应试者语言行为判断其素质能力时，非语言行为的作用可能会很大，这也提醒应试者，当自己在面试中表现一般时，应该通过积极的非语言行为来弥补。

（二）考官因素

考官因素对于面试成绩评定的影响体现在以下方面：

1. 首因效应。首因效应也叫首次效应、优先效应或第一印象效应。首因，是指首次认知客体而在脑中留下的第一印象。首因效应，是指个体在社会认知过程中，通过第一印象最先输入的信息对客体以后的认知产生的影响作用。考官对应试者形成的第一印象对面试成绩评定有着重要的影响。一般地，应试者在面试刚开始几分钟内的表现对考官印象的形成极为关键，这种影响常常会贯穿于整个面试过程。因此，在公务员录用和事业单位公开招聘面试时，为了体现面试的公平、公正、不允许将应试者的基本信息（姓名、准考证号、毕业学校、所学专业、有无工作经历等）告知考官。

2. 心理效应。这是社会生活中比较常见的心理现象和规律。某人的行为或事物的作用，会引起其他人或事物产生相应变化从而引发因果反应或连锁反应。这一效应在面试中表现为，应试者的举止幅度、说话声音，都会影响考官的印象，形成一定的心理定势。

3. 对比效应。对比效应也称感觉对比，是指同一刺激因背景不同而产生感觉差异的现象。比如，同样一种颜色，把它放在较暗的背景上看起来会明亮些，而放在较亮的背景上看起来会暗淡些。研究发现，一个考官在连续对几名表现较差的应试者作出评价后，很容易会对下一个表现一般的应试者作出较好的评价，打出较高的分数，这就是一种对比效应。也就是说，当考官评价应试者时，很容易受以往应试者水平高低的影响，在比较之后，或许给出有失客观的评价。

4. 顺序效应。顺序效应是指刺激呈现的顺序影响人们判断的一种现象。如面试考官在对多名应试者依次进行评定时，往往会受面试顺序的影响，无法客观评定应试者。在面试了 3 名很不理想的应试者之后，第 4 位应试者即使很一般，考官也会对他产生更好的印象。反之，如果连续面试了 3 位很理想的应试者，即使第 4 个应试者水平一般，考官也会认为他比实际的水平要差。顺序效应还表现为，抽签序号靠后的应试者往往比序号靠前的应试者分数高。

5. 趋中效应。在分别去掉一个最高分和一个最低分的评分标准下，考官为了保留自己的打分，将应试者评价为接近平均或中等水平。当趋中效应发生时，所有应试者均以平均或接近平均的得分结束面试，进而无法辨别谁是最佳或最差的应试者。“趋中”一般会在没有测评经验的初任考官中发生，为了不使自己打的分被取消掉，不论后面的应试者表现是否突出都打中间分，这种做法会影响面试的公平和信度。

6. 羊群效应。羊群效应是指人们经常受到多数人影响，而跟从大众的思想或行为，也被称为从众效应。这种从众心理很容易导致盲从。在面试中，羊群效应体现在普通考官容易跟随效仿主考官或权威考官所打出的分值，导致对应试者打出相同分或接近分。

（三）录取比例因素

研究发现，当考官知道应试者人数远远多于招聘岗位数时，对应试者的评价往往偏低；当应试者人数少于或等于招聘岗位数时，考官对应试者的评价往往偏高。这是因为应试者的录取比例很高时，考官的评价标准会自然放宽，以使更多的人达到可以接受的标准；而当应试者的录取比例很低时，考官的评价标准自然要提高，以便好中选优。在公务员录用和事业单位公开招聘面试中，招聘岗位数与应试人数的比例一般为1∶3，受录取比例因素的影响较小，而在企业招聘面试中，招聘岗位数与应试人数的比例不确定，往往受录取比例因素影响较大。

四、面试成绩评定的客观公正性

影响面试公正性的因素是多方面的、复杂的。对于涉及考官职业道德修养的问题，可以通过加强对面试的监督和对考官的思想教育等方面来改进和控制。对于评分中无意识的偏差，则可以通过提高考官的面试操作技巧和改进面试评分办法来控制。对此，可以从以下几方面提高面试成绩评定的客观公正性。

（一）加强培训，提高考官面试水平

考官应当认真接受面试技术培训，努力提高面试业务水平。考官要充分了解面试测评的设计思想和各测评要素的评价标准，掌握具体的面试评分技术要求，如评分表的使用要领等，通过模拟评分、试评分等训练，帮助自己更加准确地把握面试评分的

标准。

（二）利用考官计分平衡表及时纠正偏差

在应试者人数较多的面试中，考官应利用考官计分平衡表（见表3-3），记录自己对不同应试者的评分情况。以先前应试者的评分为参照，更好地掌握和调整对后来应试者的评分，不失为实践中的一种可行办法。尽管从理论上讲，应该将应试者表现与测评标准进行比较，而不是将应试者与应试者之间相互比较，但在实践中，不在应试者之间做比较几乎是不可能的。考官计分平衡表的使用还可以减轻考官的记忆负担，便于考官在对多个应试者连续进行面试时，掌握前后一致的测评标准。

表3-3　考官计分平衡表

序号	综合分析	人际沟通	应变能力	组织协调	语言表达	情绪控制	动机匹配性	举止仪表	合计
1									
2									
3									
…									

（三）采用科学的计分方法

面试总分汇总时，通常去掉一个最高分和一个最低分，其余考官打分的平均分，即为面试成绩，这种计分法可以控制评分极端值给应试者分数评定带来的误差，在一定程度上有助于提高面试评分的客观公正性。

（四）对考官的评分实行监督

主考单位可邀请面试技术权威机构对考官的评分进行统计和分析，从而判定其评分中是否存在不正常的偏差。对评分偏差超过规定限度的考官，宣布其评分无效，甚至取消其作为考官的资格，是保证面试评分公正性的一项根本性措施。

总之，面试成绩的评定是一项复杂的工作。随着公务员录用和事业单位公开招聘面试研究和实践的深入发展，面试成绩评定的科学性和公平性正在不断地加强，特别是随着考官队伍素质的提高和面试组织规范性、科学性的加强，将会更加客观公正。

五、面试成绩评定中应注意的问题

面试成绩评定工作枯燥、乏味、单调，难度大，对考官的要求高。作为考官，除了认真研究和掌握面试成绩评定中的各种技术及相关评价手段外，还要有担当、肯负责，要有吃苦耐劳的精神。为保证评分的质量，考官在评分时应注意以下几个问题。

（一）严格把握评分标准的客观统一

首先，考官对应试者的评分标准要宽严一致，不能对先行面试的应试者打分严格，而对后来的应试者放宽标准，反之亦然，要做到前后一致，宽严相当。其次，考官之间的评分标准要基本统一。在前 3 位应试者面试后，可及时组织考官们交流情况，统一评分尺度，以便横向之间的宽严标准基本统一，避免评分差距过大。再次，所有报考同一岗位应试者的面试因素应当均等。对于报考同一岗位的应试者，必须做到面试题目一致，面试方法、程序相同，面试评分标准统一。

（二）努力克服不良心理

影响面试成绩评定的不良心理主要有第一印象、联想心理、优势心理、定势心理等。

1. 第一印象。是指一个人仅凭第一印象去判断另一个人的心理现象。在面试中，考官对应试者刚进考场几分钟内的印象如何，常常影响对其面试成绩的评定。应试者相貌堂堂、彬彬有礼，容易被判定知识渊博、能力出众，应试者相貌平平、言语拘谨，必定是知识浅薄、水平有限。考官初次主持面试和评定面试成绩时，很容易受第一印象心理左右，使面试成绩的评定失去客观性。

2. 联想心理。当应试者表露出在某一方面有特长时，考官便由此而联想到在其他方面应试者也无所不能。例如，某应试者曾在报刊上发表过一篇小说，考官因此便认定他在公文写作、综合调研方面必定也造诣匪浅；反之，倘若应试者表现出某一方面的弱点，考官便容易认定他在别的方面也必然是水平一般。这些联想心理会造成评分的不客观。

3. 优势心理。指主考官产生居高临下的心理倾向，表现出考场“老大”的神态，在分析判断上表现出强烈的主观性，在评分上具有明显的倾向性。

4. 定势心理。指考官以自己的思维惯性来判断、评价应试者的倾向，这些思维惯性和定势心理使考官在对应试者进行判断时带着浓厚的个人色彩，往往会降低评价的客观性和公平性。

（三）始终保持旺盛的精力

面试工作是一种复杂而繁重的劳动。面试的特点是持续时间长，考官需要连续作战。特别是结构化面试中的重复性提问和长时间的倾听，易引发考官疲劳、困倦。面试中，考官既要对应试者提问，仔细倾听应试者的回答，认真观察其反应，还要保持清醒的头脑，以高度注意力及时对应试者能力、水平做出恰如其分的判断。因此，考官不仅要有较好的心理素质，也要具有较强的体力、精力和意志力。否则，就容易出现打呵欠、叹气、坐姿不端等疲劳现象，从而影响面试的气氛和效果。

【延伸阅读】

面试评价报告

用人单位				应聘职位	市场部经理助理
应聘个人基本情况					
姓名				出生年月	
最高学历				所学专业	
基于胜任能力的面试评价说明					
胜任能力要求	评分（1~5）	权重	得分	说　明	
礼仪风度	4	15%	0.6	从坐姿看出该应聘者没有经过规范的礼仪训练。但其他表现尚可，举止大方，语速适中	
情绪稳定	4	20%	0.8	对于本岗位困难性的提问反应平静自然，整场过程中能保持良好的情绪稳定性，但对过去挫折经历的描述表明，应聘者在情绪稳定性方面还有待加强	

续表

胜任能力要求	评分（1~5）	权重	得分	说　明
人际关系	3.2	5%	0.16	通过其对大学期间人际交往的描述可以看出应聘者待人热情坦率，人缘颇佳，但在处理人际关系的方式上存在太过坦率的问题，容易在交往中遇到困境
工作动机与愿望	2.6	5%	0.13	在对应聘本岗位理由的陈述中，表现出应聘者在兴趣与薪酬方面的矛盾。个人职业生涯规划也比较模糊
表达能力	4.2	10%	0.42	整个面试过程中，应聘者能轻松地表达出自己的想法，口齿清楚，条理清晰，加之拥有一定的文学功底，用词用语也颇为恰当
工作责任心	3.8	10%	0.38	大学期间的工作及经历表明应聘者做事认真负责，且诚实可靠。宁愿牺牲个人利益也要处理好工作，但在工作主动性方面还需进一步加强
配合协作性	3.6	5%	0.18	根据大学期间参加辩论赛的经历可以了解到应聘者甘当绿叶，愿意协助他人把工作做好，有较好的配合协作意识，但从对团队所作的贡献来看，应聘者还需提高配合协作的能力
基于胜任能力的面试评价说明				
客户服务导向	3.8	15%	0.57	整个面试过程中应聘者表现出良好的态度与情绪控制力，在处理客户关系的问题上也能体现出“客户至上”的精神，敢于主动承认错误。但也可以观察到其内在情绪的不稳定，可能影响到今后做事的效果与积极性

续表

胜任能力要求	评分(1~5)	权重	得分	说明
解决问题能力	3.2	10%	0.32	在应对处理紧急事务的假设相问题时，应聘者表现沉着冷静、有条不紊，宁可自己掏钱解决问题，这一行为选择固然精神可嘉，但实际上是对通过自身能力来化解争端的否定
外语水平	2.4	5%	0.12	拥有良好的英语阅读、书写能力
面试综合评价				
优点	该应聘者举止稳重大方，表达能力强，思维敏捷，反应迅速，并能在一定程度上控制表面情绪。对人坦诚热情，工作认真且具有责任意识。沟通协调能力较强，乐于帮助他人，并具备自我认识能力和积极向上的精神			
缺点	该应聘者缺乏工作经验和社会阅历，对业务相关知识的熟悉程度有限。工作主动性欠缺。处理人际关系方式不成熟，缺乏个人魅力与领导能力。内在情绪稳定性一般，个人心情容易受到环境变化的影响。不擅长自我职业设计，求职动机不明确			
聘用意见	该应聘者虽然在许多方面超过了该岗位的基本胜任要求，但在诸如情绪控制和客户服务导向等重要的胜任力方面还有一定的差距。考虑到作为应届生，可塑性强，故建议给予一定的培训与适应时间，在试用期间注意其在本岗位的发展潜力，再考虑是否正式聘用			
面试考官签名	××× ××× ×××	日期	年 月 日	

第四章　面试与心理测试

第一节　领导干部选拔与心理测试

一、领导干部选拔概述

领导干部选拔，是指党政机关和事业单位根据空编空岗情况和工作需要，按照统一部署和管理权限，由公务员管理机关、事业单位综合管理部门公开组织招聘领导干部，以及企业根据人力资源管理规划和工作要求，从组织内部或外部选拔领导干部，以推动组织的可持续发展。

领导干部选拔可以分为两大类，一是党政机关和事业单位领导干部选拔，二是企业的领导干部选拔。

党政领导干部选拔有着严格的组织程序，选拔内容与形式较为固定。2019 年 3 月中共中央印发了修订后的《党政领导干部选拔任用工作条例》，对党政领导干部选拔的方式方法作了明确规定。2015 年 6 月，中共中央办公厅印发《事业单位领导人员管理暂行规定》对事业单位领导人员任职条件和资格、选拔任用、任期和任期目标责任、考核评价等作了明确规定。

企业领导干部选拔，依据岗位性质、任职要求、公司人才储备等实际情况，采取不同的方式和程序进行。对于重要管理岗位领导干部的选拔，由于会直接影响企业的后续发展，因而其选拔方式也更加严格、选拔程序更为复杂，以保证最终决策科学合理。一般管理岗位领导干部的选拔，可通过内部竞聘等方式进行，选拔程序相对简单。

企业领导干部的选拔方式，主要包括：民主推荐、竞争评选（综合考察）内部竞聘、第三方招聘等。民主推荐与竞争评选（综合考察），主要针对企业重要管理岗位，如主要部门领导、子公司领导等。内部竞聘主要针对一般管理岗位，如项目经理等，内部竞聘对企业所有员工开放，员工可根据自身特点与岗位需求，主动参与竞聘或通过部门推荐参与竞聘，需要经过笔试、面试、组织考察等程序。第三方招聘主要是针对公司急需的、专业性较强的专业技术岗位或管理岗位。采用第三方招聘时，公司需要先确定岗位需求，由第三方初步筛选出符合岗位需求的人员，最终通过公司面试等方式决定人选。

二、领导干部选拔中的心理测试

领导干部具有良好的心理素质，不仅仅是个人成长发展的需要，也是新时代、新形势、新任务的需要，是实现组织和事业发展的需要。开展心理测试是了解领导干部心理素质的有效手段。

心理测试是指通过心理学方法与手段来测量个体能力水平、个性特征的一种方法。在面试中，可以利用心理测试进一步了解应试者，以确定其是否符合招聘岗位的要求。领导干部的选拔，除了考察必备的管理能力和专业知识能力外，还需要通过心理测试辅助考察是否具有坚定信念，是否具有服务意识和廉洁意识，性格和能力能否胜任领导岗位，是否有决策能力等。

领导干部选拔常用的心理测试主要有情绪智力测验、卡特尔 16 种人格因素测验、PDP 性格测试、领导风格问卷、领导品德问卷等。

（一）情绪智力测验

情绪智力测验是根据“情绪智力模型”编制而成的，有 33 个题目。采用 5 点量表形式，可用于评估人们对自己以及对他人情绪感知、理解、表达、控制和管理利用的能力。测试得分越高，表明测试者的情绪智力越高。

（二）卡特尔 16 种人格因素测验

卡特尔 16 种人格因素测验，是基于卡特尔人格特质理论开发的人格问卷。通过对 16 个最基本人格因素（乐群性、聪颖性、稳定性、恃强性、兴奋性、有恒性、敢为性、敏感性、怀疑性、幻想性、世故性、忧虑性、实验性、独立性、自律性和紧张性）的测量，对应试者人格进行全面深入的解析。这种测验具有较高的效度和信度，广泛应用于人格测评、人才选拔、心理咨询和职业咨询等方面。

（三）PDP 性格测试

PDP（Profesional Dyna-Metric Programs，行为特质动态衡量系统）性格测试是一个用来衡量个人行为特质、活力、动能、压力、精力及能量变动情况的系统。将人群分为 5 种类型：支配型（老虎）、外向型（孔雀）、耐心型（考拉）、精确型（猫头鹰）、整合型（变色龙）。PDP 性格测试通过 5 种动物形象表示个体的性格特征，有助于组织进一步认识员工，并对员工进行有效管理，做到人尽其才。

（四）领导风格问卷

领导风格问卷由 33 个题目组成。领导风格分为变革型领导和交易型领导两种。变革型领导通过自身魅力去感染员工，使员工服从安排，同时让员工充分认识到自身工作的重要性，激发员工的积极性和主动性，从而完成工作目标。交易型领导通过明确角色和任务需求，使员工明确工作任务，同时确定任务完成后的奖励，以此为交换，激励员工完成工作目标。

（五）领导品德问卷

领导品德是领导者在领导活动过程中，依据一定的道德行为准则行动时，所表现出来的某些稳固的特征与倾向。领导品德问卷有 19 个题目，分为正直诚实、服务性、自律性、敬业性、包容性 5 个维度。测试者的得分越高，说明其领导品德越好。

【延伸阅读】

党政领导干部选拔任用工作条例

第一章　总　　则

第一条　为了坚持和加强党的全面领导，深入贯彻新时代党的组织路线和干部工作方针政策，落实党要管党、全面从严治党特别是从严管理干部的要求，坚持新时期好干部标准，建立科学规范的党政领导干部选拔任用制度，形成有效管用、简便易行、有利于优秀人才脱颖而出的选人用人机制，推进干部队伍革命化、年轻化、知识化、专业化，建设一支高举中国特色社会主义伟大旗帜，以马克思列宁主义、毛泽东思想、邓小平理论、“三个代表”重要思想、科学发展观、习近平新时代中国特色社会主义思想为指导，忠诚干净担当的高素质专业化党政领导干部队伍，保证党的基本理论、基本路线、基本方略全面贯彻执行和新时代中国特色社会主义事业顺利发展，根据《中国共产党章程》等党内法规和有关国家法律，制定本条例。

第二条　选拔任用党政领导干部，必须坚持下列原则：

（一）党管干部；（二）德才兼备、以德为先，五湖四海、任人唯贤；（三）事业为上、人岗相适、人事相宜；（四）公道正派、注重实绩、群众公认；（五）民主集中制；（六）依法依规办事。

第三条　选拔任用党政领导干部，必须把政治标准放在首位，符合将领导班子建设成为坚持党的基本理论、基本路线、基本方略，全心全意为人民服务，具有推进新时代中国特色社会主义事业发展的能力，结构合理、团结坚强的领导集体的要求。

树立注重基层和实践的导向，大力选拔敢于负责、勇于担当、善于作为、实绩突出的干部。

注重发现和培养选拔优秀年轻干部，用好各年龄段干部。

统筹做好培养选拔女干部、少数民族干部和党外干部工作。

对不适宜担任现职的领导干部应当进行调整，推进领导干部能上能下。

第四条　本条例适用于选拔任用中共中央、全国人大常委会、国务院、全国政协、中央纪律检查委员会工作部门领导成员或者机关内设机构担任领导职务的人员，国家监察委员会、最高人民法院、最高人民检察院领导成员（不含正职）和内设机构担任领导职务的人员；县级以上地方各级党委、人大常委会、政府、政协、纪委监委、法院、检察院及其工作部门领导成员或者机关内设机构担任领导职务的人员；上列工作部门内设机构担任领导职务的人员。

选拔任用参照公务员法管理的群团机关和县级以上党委、政府直属事业单位的领导成员及其内设机构担任领导职务的人员，参照本条例执行。

上列机关、单位选拔任用非中共党员领导干部，参照本条例执行。

选拔任用民族区域自治地方党政领导干部，法律法规和政策另有规定的，从其规定。

第五条　本条例第四条所列范围中选举和依法任免的党政领导职务，党组织推荐、提名人选的产生，适用本条例的规定，其选举和依法任免按照有关法律、章程和规定进行。

第六条　党委（党组）及其组织（人事）部门按照干部管理权限履行选拔任用党政领导干部职责，切实发挥把关作用，负责本条例的组织实施。

第二章　选拔任用条件

第七条　党政领导干部必须信念坚定、为民服务、勤政务实、敢于担当、清正廉洁，具备下列基本条件：

（一）自觉坚持以马克思列宁主义、毛泽东思想、邓小平理论、“三个代表”重要思想、科学发展观、习近平新时代中国特色社会主义思想为指导，努力用马克思主义立场、观点、方法分析和解决实际问题，坚持讲学习、讲政治、讲正气，牢固树立政治意识、大局意识、核心意识、看齐意识，坚决维护习近平总书记核心地位，坚决维护党中央权威和集中统一领导，自觉在思想上政治上行动上同党中央保持高度一致，经得起各种风浪考验；

（二）具有共产主义远大理想和中国特色社会主义坚定信念，坚定道路自信、理论自信、制度自信、文化自信，坚决贯彻执行党的理论和路线方针政策，立志改革开放，献身现代化事业，在社会主义建设中艰苦创业，树立正确政绩观，做出经得起实践、人民、历史检验的实绩；

（三）坚持解放思想，实事求是，与时俱进，求真务实，认真调查研究，能够把党的方针政策同本地区本部门实际相结合，卓有成效地开展工作，落实“三严三实”要求，主动担当作为，真抓实干，讲实话，办实事，求实效；

（四）有强烈的革命事业心、政治责任感和历史使命感，有斗争精神和斗争本领，有实践经验，有胜任领导工作的组织能力、文化水平和专业素养；

（五）正确行使人民赋予的权力，坚持原则，敢抓敢管，依法办事，以身作则，艰苦朴素，勤俭节约，坚持党的群众路线，密切联系群众，自觉接受党和群众的批评、监督，加强道德修养，讲党性、重品行、作表率，带头践行社会主义核心价值观，廉洁从政、廉洁用权、廉洁修身、廉洁齐家，做到自重自省自警自励，反对形式主义、官僚主义、享乐主义和奢靡之风，反对任何滥用职权、谋求私利的行为；

（六）坚持和维护党的民主集中制，有民主作风，有全局观念，善于团结同志，包括团结同自己有不同意见的同志一道工作。

第八条　提拔担任党政领导职务的，应当具备下列基本资格：

（一）提任县处级领导职务的，应当具有五年以上工龄和两年以上基层工作经历。

（二）提任县处级以上领导职务的，一般应当具有在下一级两个以上职位任职的经历。

（三）提任县处级以上领导职务，由副职提任正职的，应当在副职岗位工作两年以上；由下级正职提任上级副职的，应当在下级正职岗位工作三年以上。

（四）一般应当具有大学专科以上文化程度，其中厅局级以上领导干部一般应当具有大学本科以上文化程度。

（五）应当经过党校（行政学院）、干部学院或者组织（人事）部门认可的其他培训机构的培训，培训时间应当达到干部教育培训的有关规定要求。确因特殊情况在提任前未达到培训要求的，应当在提任后一年内完成培训。

（六）具有正常履行职责的身体条件。

（七）符合有关法律规定的资格要求。提任党的领导职务的，还应当符合《中国共产党章程》等规定的党龄要求。

职级公务员担任领导职务，按照有关规定执行。

第九条　党政领导干部应当逐级提拔。特别优秀或者工作特殊需要的干部，可以突破任职资格规定或者越级提拔担任领导职务。

破格提拔的特别优秀干部，应当政治过硬、德才素质突出、群众公认度高，且符合下列条件之一：在关键时刻或者承担急难险重任务中经受住考验、表现突出、作出重大贡献；在条件艰苦、环境复杂、基础差的地区或者单位工作实绩突出；在其他岗位上尽职尽责，工作实绩特别显著。

因工作特殊需要破格提拔的干部，应当符合下列情形之一：领导班子结构需要或者领导职位有特殊要求的；专业性较强的岗位或者重要专项工作急需的；艰苦边远地区、贫困地区急需引进的。

破格提拔干部必须从严掌握。不得突破本条例第七条规定的基本条件和第八条第一款第七项规定的资格要求。任职试用期未满或者提拔任职不满一年的，不得破格提拔。不得在任职年限上连续破格。不得越两级提拔。

第十条　拓宽选人视野和渠道，党政领导干部可以从党政机关选拔任用，也可以从党政机关以外选拔任用，注意从企业、高等学校、科研院所等单位以及社会组织中发现选拔。地方党政领导班子成员应当注意从担任过县（市、区、旗）、乡（镇、街道）党政领导职务的干部和国有企事业单位领导人员中选拔。

第三章　分析研判和动议

第十一条　组织（人事）部门应当深化对干部的日常了解，坚持知事识人，把功夫下在平时，全方位、多角度、近距离了解干部。根据日常了解情况，对领导班子和领导干部进行综合分析研判，为党委（党组）选人用人提供依据和参考。

第十二条　党委（党组）或者组织（人事）部门根据工作需要和领导班子建设实际，结合综合分析研判情况，提出启动干部选拔任用工作意见。

第十三条 组织（人事）部门综合有关方面建议和平时了解掌握的情况，对领导班子和领导干部进行动议分析，就选拔任用的职位、条件、范围、方式、程序和人选意向等提出初步建议。

个人向党组织推荐领导干部人选，必须负责地写出推荐材料并署名。

第十四条 组织（人事）部门将初步建议向党委（党组）主要领导成员汇报，对初步建议进行完善，在一定范围内进行沟通酝酿，形成工作方案。

对动议的人选严格把关，根据工作需要，可以提前核查有关事项。

第十五条 研判和动议时，根据工作需要和实际情况，如确有必要，也可以把公开选拔、竞争上岗作为产生人选的一种方式。领导职位出现空缺且本地区本部门没有合适人选的，特别是需要补充紧缺专业人才或者配备结构需要干部的，可以通过公开选拔产生人选；领导职位出现空缺，本单位本系统符合资格条件人数较多且需要进一步比选择优的，可以通过竞争上岗产生人选。公开选拔、竞争上岗一般适用于副职领导职位。

公开选拔、竞争上岗应当结合岗位特点，坚持组织把关，突出政治素质、专业素养、工作实绩和一贯表现，防止简单以分数、票数取人。

公开选拔、竞争上岗设置的资格条件突破规定的，应当事先报上级组织（人事）部门审核同意。

第四章 民主推荐

第十六条 选拔任用党政领导干部，应当经过民主推荐。民主推荐包括谈话调研推荐和会议推荐，推荐结果作为选拔任用的重要参考，在一年内有效。

第十七条 领导班子换届，民主推荐按照职位设置全额定向推荐；个别提拔任职或者进一步使用，可以按照拟任职位进行定向推荐，也可以根据拟任职位的具体情况进行非定向推荐；进一步使用的，可以采取听取意见的方式进行，其中正职也可以参照个别提拔任职进行民主推荐。

第十八条 地方领导班子换届，民主推荐应当经过下列程序：

（一）进行谈话调研推荐，提前向谈话对象提供谈话提纲、换届政策说明、干部名册等相关材料，提出有关要求，提高谈话质量；

（二）综合考虑谈话调研推荐情况以及人选条件、岗位要求、班子结构等，经与本级党委沟通协商后，由上级党委或者组织部门研究提出会议推荐参考人选，参考人选应当差额提出；

（三）召开推荐会议，由本级党委主持，考察组说明换届有关政策，介绍参考人选产生情况，提出有关要求，组织填写推荐表；

（四）对民主推荐情况进行综合分析；

（五）向上级党委或者组织部门汇报民主推荐情况。

第十九条　地方领导班子换届，谈话调研推荐一般由下列人员参加：

（一）党委成员；

（二）人大常委会、政府、政协领导成员；

（三）纪委监委领导成员；

（四）法院、检察院主要领导成员；

（五）党委工作部门、政府工作部门、群团组织主要领导成员；

（六）下一级党委和政府主要领导成员；

（七）其他需要参加的人员，可以根据知情度、关联度和代表性原则确定。

推荐人大常委会、政府、政协领导成员人选，应当有民主党派、工商联主要领导成员和无党派代表人士参加。

参加会议推荐的人员参照上列范围确定，可以适当调整。

第二十条　个别提拔任职，或者进一步使用需要进行民主推荐的，民主推荐程序可以参照本条例第十八条规定进行；必要时也可以先进行会议推荐，再进行谈话调研推荐。先进行谈话调研推荐的，可以提出会议推荐参考人选，参考人选应当差额提出。单位人数较少、参加会议推荐人员范围与谈话调研推荐人员范围基本相同，且谈话调研推荐意见集中的，根据实际情况，可以不再进行会议推荐。

根据工作需要，可以在民主推荐前对推荐职位、条件、范围以及符合职位要求和任职条件的人选，在人选所在地区或者单位领导班子范围内进行沟通。

第二十一条　个别提拔任职，或者进一步使用需要进行民主推荐的，参加民主推荐人员一般按照下列范围执行：

（一）民主推荐地方党政领导班子成员人选，参照本条例第十九条规定执行，可以适当调整。

（二）民主推荐工作部门领导成员人选，谈话调研推荐由本部门领导成员、内设机构担任主要领导职务的人员、直属单位主要领导成员以及其他需要参加的人员参加；根据实际情况还可以吸收本系统下级单位主要领导成员参加。参加会议推荐的人员范围可以适当调整。

（三）民主推荐内设机构领导职务拟任人选，参照前项所列范围确定，也可以在内设机构范围内进行。

第二十二条　党委和政府及其工作部门个别特殊需要的领导成员人选，可以由党委（党组）或者组织（人事）部门推荐，报上级组织（人事）部门同意后作为考察对象。

第五章　考　　察

第二十三条　确定考察对象，应当根据工作需要和干部德才条件，将民主推荐与日常了解、综合分析研判以及岗位匹配度等情况综合考虑，深入分析、比较择优，防止把推荐票等同于选举票、简单以推荐票取人。

第二十四条　有下列情形之一的，不得列为考察对象：

（一）违反政治纪律和政治规矩的；

（二）群众公认度不高的；

（三）上一年年度考核结果为基本称职以下等次的；

（四）有跑官、拉票等非组织行为的；

（五）除特殊岗位需要外，配偶已移居国（境）外，或者没有配偶但子女均已移居国（境）外的；

（六）受到诫勉、组织处理或者党纪政务处分等影响期未满或者期满影响使用的；

（七）其他原因不宜提拔或者进一步使用的。

第二十五条　地方领导班子换届，由本级党委书记与副书记、分管组织、纪检监察等工作的常委根据上级党委组织部门反馈的情况，对考察对象人选进行酝酿，本级党委常委会研究提出考察对象建议名单，经与上级党委组织部门沟通后，确定考察对象。对拟新进党政领导班子的考察对象，应当在一定范围内公示。

个别提拔任职或者进一步使用，按照干部管理权限，由党委（党组）或者上级组织（人事）部门研究确定考察对象。

考察对象一般应当多于拟任职务人数，个别提拔任职或者进一步使用时意见比较集中的，也可以等额确定考察对象。

第二十六条　对确定的考察对象，由组织（人事）部门进行严格考察。

双重管理干部的考察工作，由主管方负责组织实施，根据工作需要会同协管方进行。

第二十七条　考察党政领导职务拟任人选，必须依据干部选拔任用条件和不同领导职务的职责要求，全面考察其德、能、勤、绩、廉，严把政治关、品行关、能力关、作风关、廉洁关。

突出政治标准，注重了解政治理论学习情况，深入考察政治忠诚、政治定力、政治担当、政治能力、政治自律等方面的情况。

深入考察道德品行，加强对工作时间之外表现的考察，注重了解社会公德、职业道德、家庭美德、个人品德等方面的情况。

强化专业素养考察，深入了解专业知识、专业能力、专业作风、专业精神等方面的情况。

注重考察工作实绩，围绕贯彻落实党中央重大决策部署，统筹推进“五位一体”总体布局和协调推进“四个全面”战略布局，深入了解履行岗位职责、贯彻新发展理念、推动高质量发展取得的实际成效。考察地方党政领导班子成员，应当把经济建设、政治建设、文化建设、社会建设、生态文明建设和党的建设等情况作为考察评价的重要内容，防止单纯以经济增长速度评定工作实绩。考察党政工作部门领导干部，应当把履行党的建设职责，制定和执行政策、推动改革创新、营造良好发展环境、提供优质公共服务、维护社会公平正义等作为考察评价的重要内容。

加强作风考察，深入了解为民服务、求真务实、勤勉敬业、敢于担当、奋发有为，遵守中央八项规定精神，反对形式主义、官僚主义、享乐主义和奢靡之风等情况。

强化廉政情况考察，深入了解遵守廉洁自律有关规定，保持高尚情操和健康情趣，慎独慎微，秉公用权，清正廉洁，不谋私利，严格要求亲属和身边工作人员等情况。

根据实际需要，针对不同层级、不同岗位考察对象，实行差异化考察，对党政正职人选，坚持更高标准、更严要求，突出把握政治方向、驾驭全局、抓班子带队伍等方面情况的考察。

第二十八条　考察党政领导职务拟任人选，应当保证充足的考察时间，经过下列程序：

（一）制定考察工作方案；

（二）同考察对象呈报单位或者所在单位党委（党组）主要领导成员就考察工作方案沟通情况，征求意见；

（三）根据考察对象的不同情况，通过适当方式在一定范围内发布干部考察预告；

（四）采取个别谈话、发放征求意见表、民主测评、实地走访、查阅干部人事档案和工作资料等方法，广泛深入地了解情况，根据需要进行专项调查、延伸考察等，注意了解考察对象生活圈、社交圈情况；

（五）同考察对象面谈，进一步了解其政治立场、思想品质、价值取向、见识见解、适应能力、性格特点、心理素质等方面情况，以及缺点和不足，鉴别印证有关问题，深化对考察对象的研判；

（六）综合分析考察情况，与考察对象的一贯表现进行比较、相互印证，全面准确地对考察对象作出评价；

（七）向考察对象呈报单位或者所在单位党委（党组）主要领导成员反馈考察情况，并交换意见；

（八）考察组研究提出人选任用建议，向派出考察组的组织（人事）部门汇报，经组织（人事）部门集体研究提出任用建议方案，向本级党委（党组）报告。

考察内设机构领导职务拟任人选程序，可以根据实际情况适当简化。

第二十九条　考察地方党政领导班子成员拟任人选，个别谈话和征求意见的范围一般为：

（一）党委和政府领导成员，人大常委会、政协、纪委监委、法院、检察院主要领导成员；

（二）考察对象所在单位领导成员；

（三）考察对象所在单位有关工作部门主要领导成员或者内设机构担任主要领导职务的人员和直属单位主要领导成员；

（四）其他有关人员。

第三十条　考察工作部门领导班子成员拟任人选，个别谈话和征求意见的范围一般为：

（一）考察对象上级领导机关有关领导成员；

（二）考察对象所在单位领导成员；

（三）考察对象所在单位内设机构担任主要领导职务的人员和直属单位主要领导成员；

（四）其他有关人员。考察内设机构领导职务拟任人选，个别谈话和征求意见的范围参照上列规定执行。

第三十一条　考察党政领导职务拟任人选，应当听取考察对象所在单位组织

（人事）部门、纪检监察机关、机关党组织的意见，根据需要可以听取巡视巡察机构、审计机关和其他相关部门意见。

组织（人事）部门必须严格审核考察对象的干部人事档案，查核个人有关事项报告，就党风廉政情况听取纪检监察机关意见，对反映问题线索具体、有可查性的信访举报进行核查。对需要进行经济责任审计的考察对象，应当事先按照有关规定进行审计。

考察对象呈报单位或者所在单位党委（党组）必须就考察对象廉洁自律情况提出结论性意见，并由党委（党组）书记、纪委书记（纪检监察组组长）签字。机关内设机构领导职务的拟任人选考察对象，也应当由相关党组织和纪检监察机构出具廉洁自律情况结论性意见。

第三十二条　考察党政领导职务拟任人选，必须形成书面考察材料，建立考察文书档案。已经任职的，考察材料归入本人干部人事档案。考察材料必须写实，评判应当全面、准确、客观，用具体事例反映考察对象的情况，包括下列内容：

（一）德、能、勤、绩、廉方面的主要表现以及主要特长、行为特征；

（二）主要缺点和不足；

（三）民主推荐、民主测评、考察谈话情况；

（四）审核干部人事档案、查核个人有关事项报告、听取纪检监察机关意见、核查信访举报等情况的结论。

第三十三条　党委（党组）或者组织（人事）部门选派具有较高素质的人员组建考察组，考察组由两名以上成员组成。考察组负责人应当由思想政治素质好、具有较丰富工作经验并熟悉干部工作的人员担任。

实行干部考察工作责任制。考察组必须坚持原则，公道正派，深入细致，如实反映考察情况和意见，对考察材料负责，履行干部选拔任用风气监督职责。

第六章　讨论决定

第三十四条　党政领导职务拟任人选，在讨论决定或者决定呈报前，应当根据职位和人选的不同情况，分别在党委（党组）、人大常委会、政府、政协等有关领导成员中进行酝酿。

工作部门领导成员拟任人选，应当征求上级分管领导成员的意见。

非中共党员拟任人选，应当征求党委统战部门和民主党派、工商联主要领导成员、无党派代表人士的意见。

双重管理干部的任免，主管方应当事先征求协管方意见，进行酝酿。征求意见一般采用书面形式进行。协管方自收到主管方意见之日起一个月内未予答复的，视为同意。双方意见不一致时，正职的任免报上级党委组织部门协调，副职的任免由主管方决定。

第三十五条　选拔任用党政领导干部，应当按照干部管理权限由党委（党组）集体讨论作出任免决定，或者决定提出推荐、提名的意见。属于上级党委（党组）管理的，本级党委（党组）可以提出选拔任用建议。

对拟破格提拔的人选在讨论决定前，必须报经上级组织（人事）部门同意。越级提拔或者不经过民主推荐列为破格提拔人选的，应当在考察前报告，经批复同意后方可进行。

第三十六条　市（地、州、盟）、县（市、区、旗）党委和政府领导班子正职的拟任人选和推荐人选，一般应当由上级党委常委会提名并提交全会无记名投票表决；全会闭会期间，由党委常委会作出决定，决定前应当征求党委委员的意见。

第三十七条　有下列情形之一的，不得提交会议讨论：

（一）没有按照规定进行民主推荐、考察的；

（二）拟任人选所在单位党委（党组）对廉洁自律情况没有作出结论性意见的，或者纪检监察机关未反馈意见的，或者纪检监察机关有不同意见的；

（三）个人有关事项报告未查核或者经查核存疑尚未查清的；

（四）线索具体、有可查性的信访举报尚未调查清楚的；

（五）干部人事档案中身份、年龄、工龄、党龄、学历、经历等存疑尚未查清的；

（六）巡视巡察、审计等工作中发现重大问题尚未作出结论的；

（七）没有按照规定向上级报告或者报告后未经批复同意的干部任免事项；

（八）其他原因不宜提交会议讨论的。

第三十八条　党委（党组）讨论决定干部任免事项，必须有三分之二以上成员到会，并保证与会成员有足够时间听取情况介绍、充分发表意见。与会成员对任免事项，应当逐一发表同意、不同意或者缓议等明确意见，党委（党组）主要负责人应当最后表态。在充分讨论的基础上，采取口头表决、举手表决或者无记名投票等方式进行表决。意见分歧较大时，暂缓进行表决。

党委（党组）有关干部任免的决定，需要复议的，应当经党委（党组）超过半数成员同意后方可进行。

第三十九条　党委（党组）讨论决定干部任免事项，应当按照下列程序进行：

（一）党委（党组）分管组织（人事）工作的领导成员或者组织（人事）部门负责人，逐个介绍领导职务拟任人选的推荐、考察和任免理由等情况，其中涉及破格提拔等需要按照要求事先向上级组织（人事）部门报告的选拔任用有关工作事项，应当说明具体事由和征求上级组织（人事）部门意见的情况；

（二）参加会议人员进行充分讨论；

（三）进行表决，以党委（党组）应到会成员超过半数同意形成决定。

第四十条　需要报上级党委（党组）审批的拟提拔任职的干部，必须呈报党委（党组）请示并附干部任免审批表、干部考察材料、本人干部人事档案和党委（党组）会议纪要、讨论记录、民主推荐情况等材料。上级组织（人事）部门对呈报的材料应当严格审查。

需要报上级备案的干部，应当按照规定及时向上级组织（人事）部门备案。

第七章　任　　职

第四十一条　党政领导职务实行选任制、委任制，部分专业性较强的领导职务可以实行聘任制。

第四十二条　实行党政领导干部任职前公示制度。

提拔担任厅局级以下领导职务的，除特殊岗位和在换届考察时已进行过公示的人选外，在党委（党组）讨论决定后、下发任职通知前，应当在一定范围内公示。公示内容应当真实准确，便于监督，涉及破格提拔的还应当说明破格的具体情形和理由。公示期不少于五个工作日。公示结果不影响任职的，办理任职手续。

第四十三条　实行党政领导干部任职试用期制度。

提拔担任下列非选举产生的厅局级以下领导职务的，试用期为一年：

（一）党委、人大常委会、政府、政协工作部门副职和内设机构领导职务；

（二）纪委监委机关内设机构、派出机构领导职务；

（三）法院、检察院内设机构的非国家权力机关依法任命的领导职务。

试用期满后，经考核胜任现职的，正式任职；不胜任的，免去试任职务，一般按照试任前职级或者职务层次安排工作。

第四十四条　实行任职谈话制度。对决定任用的干部，由党委（党组）指定专人同本人谈话，肯定成绩，指出不足，提出要求和需要注意的问题。

对破格提拔以及通过公开选拔、竞争上岗任职的干部，试用期满正式任职时，党委（党组）还应当指定专人进行谈话。

第四十五条　党政领导职务的任职时间，按照下列时间计算：

（一）由党委（党组）决定任职的，自党委（党组）决定之日起计算；

（二）由党的代表大会、党的委员会全体会议、党的纪律检查委员会全体会议、人民代表大会、政协全体会议选举、决定任命的，自当选、决定任命之日起计算；

（三）由人大常委会或者政协常委会任命或者决定任命的，自人大常委会、政协常委会任命或者决定任命之日起计算；

（四）由党委向政府提名由政府任命的，自政府任命之日起计算。

第八章　依法推荐、提名和民主协商

第四十六条　党委向人民代表大会或者人大常委会推荐需要由人民代表大会或者人大常委会选举、任命、决定任命的领导干部人选，应当事先向人民代表大会临时党组织或者人大常委会党组和人大常委会组成人员中的党员介绍党委推荐意见。人民代表大会临时党组织、人大常委会党组和人大常委会组成人员以及人大代表中的党员，应当认真贯彻党委推荐意见，带头依法办事，正确履行职责。

第四十七条　党委向人民代表大会推荐由人民代表大会选举、决定任命的领导干部人选，应当以本级党委名义向人民代表大会主席团提交推荐书，介绍所推荐人选的有关情况，说明推荐理由。

党委向人大常委会推荐由人大常委会任命、决定任命的领导干部人选，应当在人大常委会审议前，按照规定程序提出，介绍所推荐人选的有关情况。

第四十八条　党委向政府提名由政府任命的政府工作部门和机构领导成员人选，在党委讨论决定后，由政府任命。

第四十九条　领导班子换届，党委推荐人大常委会、政府、政协领导成员人选和监察委员会主任、法院院长、检察院检察长人选，应当事先向民主党派、工商联主要领导成员和无党派代表人士通报有关情况，进行民主协商。

第五十条　党委推荐的领导干部人选，在人民代表大会选举、决定任命或者人大常委会任命、决定任命前，如果人大代表或者人大常委会组成人员对所推荐人选提出不同意见，党委应当认真研究，并作出必要的解释或者说明。如果发现有事实依据、足以影响选举或者任命的问题，党委可以建议人民代表大会或者人大常委会按照规定程序暂缓选举、任命、决定任命，也可以重新推荐人选。

政协领导成员候选人的推荐和协商提名，按照政协章程和有关规定办理。

第九章　交流、回避

第五十一条　实行党政领导干部交流制度。

（一）交流的对象主要是：因工作需要交流的；需要通过交流锻炼提高领导能力的；在一个地方或者部门工作时间较长的；按照规定需要回避的；因其他原因需要交流的。交流的重点是县级以上地方党委和政府的领导成员，纪委监委、法院、检察院、党委和政府部分工作部门的主要领导成员。

（二）地方党委和政府领导成员原则上应当任满一届，在同一职位上任职满十年的，必须交流；在同一职位连续任职达到两个任期的，不再推荐、提名或者任命担任同一职务。同一地方（部门）的党政正职一般不同时易地交流。

（三）党政机关内设机构处级以上领导干部在同一职位上任职时间较长的，应当进行交流。

（四）经历单一或者缺少基层工作经历的年轻干部，应当有计划地派到基层、艰苦边远地区和复杂环境工作，坚决防止“镀金”思想和短期行为。

（五）加强工作统筹，加大干部交流力度。推进地方与部门之间、地区之间、部门之间、党政机关与国有企事业单位以及其他社会组织之间的干部交流，推动形成国有企事业单位、社会组织干部人才及时进入党政机关的良性工作机制。

（六）干部交流由党委（党组）及其组织（人事）部门按照干部管理权限组织实施，严格把握人选的资格条件。干部个人不得自行联系交流事宜，领导干部不得指定交流人选。同一干部不宜频繁交流。

（七）交流的干部接到任职通知后，应当在党委（党组）或者组织（人事）部门限定的时间内到任。跨地区跨部门交流的，应当同时转移行政关系、工资关系和党的组织关系。

第五十二条　实行党政领导干部任职回避制度。

党政领导干部任职回避的亲属关系为：夫妻关系、直系血亲关系、三代以内旁系血亲以及近姻亲关系。有上列亲属关系的，不得在同一机关担任双方直接隶属于同一领导人员的职务或者有直接上下级领导关系的职务，也不得在其中一方担任领导职务的机关从事组织（人事）、纪检监察、审计、财务工作。

领导干部不得在本人成长地担任县（市）党委和政府以及纪委监委、组织部门、法院、检察院、公安部门主要领导成员，一般不得在本人成长地担任市（地、盟）党委和政府以及纪委监委、组织部门、法院、检察院、公安部门主要领导成员。

第五十三条　实行党政领导干部选拔任用工作回避制度。

党委（党组）及其组织（人事）部门讨论干部任免，涉及与会人员本人及其亲属的，本人必须回避。

干部考察组成员在干部考察工作中涉及其亲属的，本人必须回避。

第十章　免职、辞职、降职

第五十四条　党政领导干部有下列情形之一的，一般应当免去现职：

（一）达到任职年龄界限或者退休年龄界限的；

（二）受到责任追究应当免职的；

（三）不适宜担任现职应当免职的；

（四）因违纪违法应当免职的；

（五）辞职或者调出的；

（六）非组织选派，个人申请离职学习期限超过一年的；

（七）因健康原因，无法正常履行工作职责一年以上的；

（八）因工作需要或者其他原因应当免去现职的。

第五十五条　实行党政领导干部辞职制度。辞职包括因公辞职、自愿辞职、引咎辞职和责令辞职。

辞职应当符合有关规定，手续依照法律或者有关规定程序办理。

第五十六条　引咎辞职、责令辞职和因问责被免职的党政领导干部，一年内不安排领导职务，两年内不得担任高于原任职务层次的领导职务。同时受到党纪政务处分的，按照影响期长的规定执行。

第五十七条　实行党政领导干部降职制度。党政领导干部在年度考核中被确定为不称职的，因工作能力较弱、受到组织处理或者其他原因不适宜担任现职务层次的，应当降职使用。降职使用的干部，其待遇按照新任职务职级的标准执行。

第五十八条　因不适宜担任现职调离岗位、免职的，一年内不得提拔。降职使用的干部重新提拔，按照有关规定执行。

重新任职或者提拔任职，应当根据具体情形、工作需要和个人情况综合考虑，合理安排使用。

对符合有关规定给予容错的干部，应当客观公正对待。

第十一章　纪律和监督

第五十九条　选拔任用党政领导干部，必须严格执行本条例的各项规定，并遵守下列纪律：

（一）不准超职数配备、超机构规格提拔领导干部、超审批权限设置机构配备干部，或者违反规定擅自设置职务名称、提高干部职务职级待遇；

（二）不准采取不正当手段为本人或者他人谋取职务、提高职级待遇；

（三）不准违反规定程序动议、推荐、考察、讨论决定任免干部，或者由主要领导成员个人决定任免干部；

（四）不准私自泄露研判、动议、民主推荐、民主测评、考察、酝酿、讨论决定干部等有关情况；

（五）不准在干部考察工作中隐瞒或者歪曲事实真相；

（六）不准在民主推荐、民主测评、组织考察和选举中搞拉票、助选等非组织活动；

（七）不准利用职务便利私自干预下级或者原任职地区、系统和单位干部选拔任用工作；

（八）不准在机构变动，主要领导成员即将达到任职年龄界限、退休年龄界限或者已经明确即将离任时，突击提拔、调整干部；

（九）不准在干部选拔任用工作中任人唯亲、排斥异己、封官许愿，拉帮结派、搞团团伙伙，营私舞弊；

（十）不准篡改、伪造干部人事档案，或者在干部身份、年龄、工龄、党龄、学历、经历等方面弄虚作假。

第六十条　加强干部选拔任用工作全程监督，严格执行干部选拔任用全程纪实和任前事项报告、“一报告两评议”、专项检查、离任检查、立项督查、“带病提拔”问题倒查等制度。严肃查处违反组织（人事）纪律的行为。对违反本条例规定的事项，按照有关规定对党委（党组）主要领导成员和有关领导成员、组织（人事）部门有关领导成员以及其他直接责任人作出组织处理或者纪律处分；涉嫌违法犯罪的，移送有关国家机关依法处理。

对无正当理由拒不服从组织调动或者交流决定的，依规依纪依法予以免职或者降职使用，并视情节轻重给予处分。

第六十一条　实行党政领导干部选拔任用工作责任追究制度。凡用人失察失误造成严重后果的，本地区本部门用人上的不正之风严重、干部群众反映强烈以及对违反组织（人事）纪律的行为查处不力的，应当根据具体情况，严肃追究党委（党组）及其主要领导成员、有关领导成员、组织（人事）部门、纪检监察机关、干部考察组有关领导成员以及其他直接责任人的责任。

第六十二条　党委（党组）及其组织（人事）部门对干部选拔任用工作和贯彻执行本条例的情况进行监督检查，认真受理有关干部选拔任用工作的举报、申诉，制止、纠正违反本条例的行为，并对有关责任人提出处理意见或者处理建议。

纪检监察机关、巡视巡察机构按照有关规定，加强对干部选拔任用工作的监督检查。

第六十三条　实行地方党委组织部门和纪检监察、巡视巡察、机构编制、审计、信访等有关机构联席会议制度，就加强对干部选拔任用工作的监督，沟通信息、交流情况、研究问题，提出意见和建议。联席会议由组织部门召集。

第六十四条　党委（党组）及其组织（人事）部门在干部选拔任用工作中，必须严格执行本条例，坚持出以公心、公正用人，严格规范履职用权行为，自觉接受党内监督、社会监督、群众监督。下级机关和党员、干部、群众对干部选拔任用工作中的违规违纪行为，有权向上级党委（党组）及其组织（人事）部门、纪检监察机关举报、申诉，受理部门和机关应当按照有关规定查核处理。

第十二章　附　　则

第六十五条　本条例对工作部门的规定，同时适用于办事机构、派出机构、特设机构以及其他直属机构。

第六十六条　选拔任用乡（镇、街道）的党政领导干部，由省、自治区、直辖市党委根据本条例制定相应的实施办法。

第六十七条　中国人民解放军和中国人民武装警察部队领导干部的选拔任用办法，由中央军事委员会根据本条例的原则作出规定。

第六十八条　本条例由中共中央组织部负责解释。

第六十九条　本条例自2019年3月3日起施行。2014年1月14日中共中央印发的《党政领导干部选拔任用工作条例》同时废止。

事业单位领导人员管理暂行规定

第一章　总　　则

第一条　为加强和改进事业单位领导人员管理，健全选拔任用机制和管理监督机制，建设一支信念坚定、为民服务、勤政务实、敢于担当、清正廉洁的高素质事业单位领导人员队伍，根据《中国共产党章程》等党内法规和有关法律法规，制定本规定。

第二条　本规定适用于省级以上党委和政府直属以及部门所属事业单位领导班子成员，省级以上人大常委会、政协、纪委、人民法院、人民检察院、群众团体机关所属事业单位领导班子成员。党内法规和法律法规对事业单位领导人员管理另有规定的，从其规定。

第三条 事业单位领导人员的管理，应当体现事业单位公益性、服务性、专业性、技术性等特点，遵循领导人员成长规律，激发事业单位活力，推动公益事业又好又快发展。

第四条 事业单位领导人员的管理，应当坚持下列原则：

（一）党管干部原则；

（二）德才兼备、以德为先原则；

（三）注重实绩、群众公认原则；

（四）分级分类管理原则；

（五）依法依规办事原则。

第五条 党委（党组）及其组织（人事）部门按照干部管理权限履行事业单位领导人员管理职责，负责本规定的组织实施。

第二章 任职条件和资格

第六条 事业单位领导人员应当具备下列基本条件：

（一）政治素质好，坚持以马克思列宁主义、毛泽东思想、邓小平理论、“三个代表”重要思想、科学发展观为指导，深入学习贯彻习近平总书记系列重要讲话精神，理想信念坚定，思想上、政治上、行动上同党中央保持高度一致，坚决执行党的基本路线和各项方针政策，坚持民主集中制，带头践行社会主义核心价值观，忠实履行公共服务的政治责任和社会责任；

（二）组织领导能力强，善于科学管理、沟通协调、依法办事、推动落实，有较强的公共服务意识和改革创新精神，工作实绩突出；

（三）有相关的专业素质或者从业经历，熟悉有关政策法规和行业发展情况，业界声誉好；

（四）事业心和责任感强，热爱公益事业，求真务实，团结协作，遵纪守法，廉洁从业，群众威信高。

担任党内领导职务的领导人员，应当牢固树立党建责任意识，熟悉党务，善于做思想政治工作。

正职领导人员，应当具有驾驭全局的能力，善于抓班子带队伍，民主作风好。

第七条 事业单位领导人员应当具备下列基本资格：

（一）一般应当具有大学本科以上文化程度。

（二）提任六级以上管理岗位领导职务的，一般应当具有五年以上工作经历。

（三）从管理岗位领导职务副职提任正职的，应当具有副职岗位两年以上任职经历；从下级正职提任上级副职的，应当具有下级正职岗位三年以上任职经历。

（四）具有正常履行职责的身体条件。

（五）符合有关党内法规、法律法规和行业主管部门规定的其他任职资格要求。

第八条 从专业技术岗位到管理岗位担任领导职务的，其任职资格应当符合第七条第（一）、（二）、四）、（五）项规定，并且具有相应的专业技术职务（岗位）任职经历和一定的管理工作经历。

第九条 特别优秀或者工作特殊需要的，可以适当放宽任职资格。

放宽任职资格以及从专业技术岗位到管理岗位担任领导职务正职或者担任四级以上管理岗位领导职务的，必须从严掌握。

第三章 选拔任用

第十条 党委（党组）及其组织（人事）部门按照干部管理权限，根据事业单位不同领导体制和领导班子建设实际，提出启动领导人员选拔任用工作意见。

第十一条 事业单位领导人员的配备，必须严格按照核定或者批准的领导职数和岗位设置方案进行。

第十二条 选拔事业单位领导人员，根据行业特点和岗位要求，可以采取组织选拔、竞争（聘）上岗、公开选拔（聘）等方式进行，也可以探索委托相关机构遴选等方式进行。

第十三条　对事业单位领导职务拟任人选，必须依据选拔任用条件，结合行业特点和岗位要求，全面考察其德、能、勤、绩、廉。

第十四条　综合分析人选的考察考核、一贯表现和人岗相适等情况，全面历史辩证地作出评价，既重管理能力、专业水平和工作实绩，更重政治品质、道德品行，防止简单以票或者以分取人。

第十五条　任用事业单位领导人员，区别不同情况实行选任制、委任制、聘任制。对行政领导人员，逐步加大聘任制推行力度。

实行聘任制的，聘任关系通过聘任通知、聘任书、聘任合同等形式确定，所聘职务及相关待遇在聘期内有效。

第十六条　提任三级以下管理岗位领导职务的，应当在一定范围内进行公示，公示期不少于五个工作日。

第十七条　提任非选举产生的三级以下管理岗位领导职务的，实行任职试用期制度。试用期一般为一年。

第十八条　选拔任用工作具体程序和要求，参照《党政领导干部选拔任用工作条例》及有关规定，结合事业单位实际确定。

第四章　任期和任期目标责任

第十九条　事业单位领导人员一般应当实行任期制。

每个任期一般为三至五年，在同一岗位连续任职一般不超过十年。工作特殊需要的，按照干部管理权限经批准后可以适当延长任职年限。

第二十条　事业单位领导班子和领导人员一般应当实行任期目标责任制。

任期目标内容的设定，应当体现不同行业、不同类型事业单位特点，注重打基础、利长远、求实效。

第二十一条　任期目标由事业单位领导班子集体研究确定，领导班子的任期目标一般应当报经主管机关批准或者备案。

制定任期目标时，应当充分听取单位职工代表大会或者职工代表的意见，注意体现服务对象的意见。

第五章　考核评价

第二十二条　事业单位领导班子和领导人员的考核，分为平时考核、年度考核和任期考核。考核评价以任期目标为依据，以日常管理为基础，注重业绩导向和社会效益，突出党建工作实效。

积极推进分类考核，注意改进考核方法，简化程序，提高效率。

第二十三条　综合分析研判考核情况和日常了解掌握情况，客观公正地作出评价，形成考核评价意见，确定考核评价等次。

领导班子年度考核和任期考核的评价等次，分为优秀、良好、一般、较差；领导人员年度考核和任期考核的评价等次，分为优秀、合格、基本合格、不合格。

第二十四条　考核评价结果作为领导班子建设和领导人员培养、使用、奖惩等的重要依据。

第六章　职业发展和激励保障

第二十五条　完善事业单位领导人员培养教育制度，加强政治引领和能力培养，强化岗位培训，注重实践锻炼，提高思想政治素质和管理工作能力。

第二十六条　完善事业单位领导人员交流制度，统筹推进事业单位之间、事业单位与党政机关和国有企业之间领导人员的交流。注意选拔事业单位优秀领导人员进入党政领导班子。

第二十七条　任期结束后未达到退休年龄界限的事业单位领导人员，适合继续从事专业工作的，鼓励和支持其后续职业发展；其他领导人员，根据本人实际和工作需要，作出适当安排。

第二十八条　完善事业单位领导人员收入分配制度，根据事业单位类别，结合考核情况合理确定领导人员的绩效工资水平，使其收入与履职情况和单位长远发展相联系，与本单位职工的平均收入水平保持合理关系。

第二十九条　事业单位领导人员在本职工作中表现突出、有显著成绩和贡献的，在处理突发事件和承担专项重要工作中作出显著成绩和贡献的，或者有其他突出事迹的，按照有关规定给予表彰奖励。

第七章　监督约束

第三十条　党委（党组）及纪检监察机关、组织（人事）部门、行业主管部门按照管理权限和职责分工，履行对事业单位领导班子和领导人员的监督责任。

第三十一条　监督的重点内容是：贯彻执行党的理论和路线方针政策，依法依规办事，执行民主集中制，履行职责，行风建设，选人用人，国有资产管理，收入分配，职业操守，廉洁自律等情况。

第三十二条　发挥党内监督、民主监督、法律监督、审计监督和舆论监督等作用，综合运用考察考核、述职述廉、民主生活会、巡视、提醒、函询、诫勉等措施，对领导班子和领导人员进行监督。

严格实行干部选拔任用工作“一报告两评议”、领导干部报告个人有关事项、经济责任审计、问责和任职回避等制度。

第三十三条　事业单位领导人员有违反政治纪律和政治规矩、组织人事纪律、工作纪律、财经纪律、廉洁从业纪律的，以及违反社会公德、职业道德、家庭美德且造成不良社会影响等情形的，按照有关规定给予组织处理或者纪律处分；涉嫌违法犯罪的，按照国家有关法律规定处理。

第八章　退　　出

第三十四条　事业单位领导人员有下列情形之一的，一般应当免职：

（一）达到任职年龄界限或者退休年龄界限的；

（二）年度考核、任期考核被确定为不合格的，或者连续两年年度考核被确定为基本合格的；

（三）受到责任追究应当免职的；

（四）因工作需要或者其他原因应当免职的。

第三十五条　实行事业单位领导人员辞职制度。辞职包括因公辞职、自愿辞职、引咎辞职和责令辞职。辞职程序参照有关规定执行。

第三十六条　事业单位领导人员的退休，按照有关规定执行。

第九章　附　　则

第三十七条　中央有关行业主管部门根据本规定，制定本行业事业单位领导人员管理具体办法。

第三十八条　各省、自治区、直辖市党委根据本规定，制定市（地、州、盟）级以下党委和政府直属以及部门所属事业单位和人大常委会、政协、纪委、人民法院、人民检察院、群众团体机关所属事业单位领导人员管理办法。

第三十九条　本规定由中共中央组织部负责解释。

第四十条　本规定自2015年5月28日起施行。

第二节　新员工招聘面试与心理测试

一、新员工招聘面试概述

新员工招聘包括：管理人员、专业技术人员和工勤技能人员。企业员工招聘工作直接关系到企业人力资源的形成，有效的招聘工作不仅可以提高员工素质、改善人员结构，也可以为组织注入新的管理理念，为组织增添新的活力，甚至可能给企业带来技术、管理上的重大革新。

新员工招聘面试的常用方法有结构化面试、无领导小组讨论面试、情境模拟面试等，主要依据招聘岗位的特点进行选择。在招聘的具体实施环节，随着互联网和信息技术的飞速发展，招聘采取的形式与以往相比也有了很大的不同，不再过多地受空间的限制，比如使用较为广泛的网络视频面试，应试者无须到用人单位，在家即可进行，这极大地节省了应试者的时间和成本，这也为用人单位提供了一种新的招聘形式。

二、新员工招聘面试中的心理测试

在新员工招聘面试中使用心理测试，可以全面客观地评估候选人的能力特点、职业兴趣、个性特征、职业价值观等因素，从而做到择优录取。此外，心理测试还可以帮助新员工更加了解自己，使其更加明确自己的长处、兴趣和不足，以便在职业规划中扬长避短，有助于员工做好个人职业生涯规划，实现更好的自我发展。在新员工招聘面试过程中，常用的心理测试可以分为 3 类，分别是能力测验、人格测验和价值观测验。

（一）能力测验

能力测验是一种对个体的能力和素质进行标准化测评的方法，由智力测验发展而来。主要用于测量从事某种职业或活动的个体的潜在能力，在人才招聘中应用较为广泛。能力测验可分为：一般能力测验、特殊能力测验和创造力测验。

1. 一般能力测验

一般能力测验（智力测验）主要测量思维、想象、记忆、推理、分析、空间关系、语言等能力，常用的测验方法有韦氏智力测验、瑞文标准智力测验、一般能力倾向成套测验（GATB）、区分性能力倾向测验（DAT）等。

2. 特殊能力测验

特殊能力测验是指使用不同方法和手段对个体的特殊能力（如机械操作能力、音乐才能、艺术才能等）进行测量，如西肖尔音乐才能测验、梅尔艺术鉴赏测验等。特殊能力测验具有较强的针对性，因而对职业定向指导、选拔从业人员具有重要的指导作用。

3. 创造力测验

创造力测验不强调对现成知识的记忆与理解，而强调思维的流畅性、变通性与超乎寻常的独特性，问题的答案也非唯一和固定的。常用的创造力测验有托兰斯创造思维测验、威廉斯创造力倾向测量表等。

（二）人格测验

一个人的人格是非常复杂的，主要包括气质、性格和认知风格等。不同人格特点的人，所适合的工作岗位是不同的，比如情绪平稳、考虑周到、安静稳重的员工，适合从事会计、行政等工作；而情感丰富外露、思维敏捷、善于交际的员工，则适合从事与人交往密切的工作。

在新员工招聘面试中，常用的人格测试除卡特尔16种人格因素测验外，还有明尼苏达多项人格测验（MMPI）、艾森克人格问卷、“大五”人格测验等。

1. 明尼苏达多项人格测验

明尼苏达多项人格测验（MMPI），是由明尼苏达大学教授哈瑟韦和麦金力于20世纪40年代编制，该测验有14个量表（包括10个临床量表和4个效度量表），是心理咨询和精神病学领域常用的心理测验之一。该测验不仅用于鉴别精神疾病，在人才素质测评、个体心理健康评估等领域都有较高的应用价值。

2. 艾森克人格问卷

艾森克人格问卷是英国心理学家艾森克教授编制的，共有88个题目。艾森克教授通过因素分析归纳出3个决定人格的基本因素：内外向性（E）、神经质（N）和精神质（P），人们在这3方面的不同倾向和不同表现程度，构成了不同的人格特征。在内外向性因素上得分高，表示人格外向、好交际、渴望刺激和冒险、情感易于冲动；在神经质因素上得分高，表示可能焦虑、担心、常常郁郁不乐、忧心忡忡，有强烈的情绪反应；在精神质因素上得分高，表示可能孤独、不关心他人，难以适应外部环境，不近人情，感觉迟钝等。

3. “大五”人格测验

“大五”人格测验，是依据“大五人格理论模型”编制而成。该测验主要有5个维度，分别是：外倾性、宜人性、神经质性、开放性、责任心。在面试测评中，通过对5个维度的测量来具体评估个体的人格特征。研究表明，在选拔中，“大五”人格测验可以有效预测员工的工作绩效以及员工与组织的适配性。

（三）价值观测验

对员工价值观的测验，可以明确员工的职业兴趣和工作态度等情况，有利于用人单位合理安置新招聘员工。常用的价值观测验有霍兰德职业兴趣测试（SDS）、工作敬业度量表（UWES）等。

1. 霍兰德职业兴趣测试

霍兰德职业兴趣测试（SDS），由美国著名职业指导专家约翰·霍兰德编制，主要用于确定被测试者的职业兴趣倾向，并指导被测试者选择适合自身职业兴趣的专业和职业发展方向。霍兰德提出的6种基本职业类型为：现实型（R）、研究型（I）、艺术型（A）、社会型（S）、企业型（E）和常规型（C）。该测验有助于受试者确定自己的职业兴趣和能力优势，以便在未来的求职和职业规划中作出合理的决策。

2. 工作敬业度量表

工作敬业度量表（UWES），也称工作投入量表，该量表共17个题目，包括活力、奉献和专注3个分量表，得分越高表明其工作投入程度越高。敬业是一种具有较高饱满度和忠诚度的工作态度，对新招聘员工的敬业度进行测量，可在一定程度上预测其在未来工作中的工作态度和绩效。

第三节　遴选人员面试与心理测试

一、遴选人员面试概述

遴选是跨政府层级、工作部门（系统）、地区之间的竞争性选拔。全国各地各级机关公务员和参照公务员法管理单位中的工作人员，只要符合专业、服务年限等职位要求，都可以跨越部门（系统）报考中央国家机关和省、市机关。遴选人员面试就是用人单位根据相关政策规定及实际情况，从已经具有公务员资格的人选中，选出符合其机关用人需求的工作人员。

为提高遴选对象与遴选岗位的匹配度，在遴选过程中非常强调岗位的针对性。比如，实行分级分类笔试，即根据报考岗位和各职务层级的需求，分别设置笔试科目，命制不同的试卷。面试对于同一层级的不同岗位采用不同的内容，部分岗位还需要进行相关的心理测评。重点测试报考者的综合素质、实际工作经验以及与岗位要求的匹配程度，目的在于甄别人才的适任性。

遴选人员面试主要依据岗位的工作职责和工作实际来命制试题，侧重考察应试者与岗位所要求的能力素质是否匹配，通常考察本行业、本系统的相关知识与内容。面试题目看似与普通公务员录用面试差别不大，实质上遴选人员面试往往与报考岗位及相关部门的专业性质更加密切相关。需要应试者对报考部门的职能、岗位工作职责有详细的了解，对部门相关政策有足够深刻的认知和领会。

遴选人员面试的方法主要有结构化面试、无领导小组讨论面试、情境模拟面试等，大多为常见的面试方法。遴选人员面试侧重考察应试者与招聘岗位的匹配性，因而更加看重应试者是否适合招聘岗位，而非单纯考察能力。

二、遴选人员面试中的心理测试

在遴选人员面试中，心理测试是一种行之有效的测评手段。心理测试可以预测个体从事某种活动的一惯性或是稳定性，进而提高人才选拔的效率与准确性。心理测试还可以了解遴选人员的能力、人格和心理健康等心理特征，以及各自的能力优势与存在的差异，从而为选拔人才、配置岗位提供科学依据。

遴选人员面试中，常用的心理测试除上文提到的人格测验、价值观测验外，还包括行政职业能力测验、MBTI 职业性格测试、DISC 性格测试。

（一）行政职业能力测验

行政职业能力测验（AAT），是指专门用于测查与行政职业工作有关的一系列心理潜能的标准化测试。行政职业能力测验不同于一般的智力测验，也不同于公共基础知识或专业知识技能测验，它主要通过对一系列基本潜能（个体在生活、学习和实践中累积形成的能力）进行测试，以预测应试者未来在行政职业岗位上取得成功的可能性。该测验主要包括言语理解与表达、数量关系、判断推理、常识判断和资料分析，在公务员录用和事业单位公开招聘考试中运用非常广泛。

（二）MBTI 职业性格测试

MBTI 职业性格测试，依据著名心理学家荣格的心理类型学说编制而成。MBTI 性格测试分为 4 个维度，每个维度有两个方向，共 8 个方面，分别是：内向（I）—外向（E），感觉（S）—直觉（N），思考（T）—情感（F），判断（J）—知觉（P）。MBTI 职业性格测试的结果共有 16 种类型，每种类型对应不同的性格特点，也对应不同的工作类型。该测验可根据受试者的人格特点分析其团队角色和领导模式，并给出适合的职业领域和发展建议。

（三）DISC 性格测试

DISC 性格测试，依据威廉・莫尔斯・马斯顿博士的 DISC 理论编制而成。该测试包括24组描述个性特质的形容词，测试者要根据自己的第一感觉，从每组4个形容词中选出最适合自己的形容词。DISC是指支配性（D）、影响性（I）、稳定性（S）和服从性（C）4个维度。测试主要从这4个维度了解测试者的个性特点、自我管理与情绪稳定等各方面情况。在关注人的性格特点的同时，更加关注人的主观能动性以及适应环境的能力。

第四节 专业技术人才甄选与心理测试

一、专业技术人才甄选概述

人才是指具有一定的专业知识或专门技能，进行创造性劳动并对社会作出贡献的人，是人力资源中能力和素质较高的劳动者。人才包括：党政人才、企业经营管理人才、专业技术人才、高技能人才、农村实用人才、社会工作人才等。国际上普遍认为，人才分为管理型人才、学术型人才、工程型人才、技术型人才和技能型人才。专业技术人才甄选，就是指对接受过某方面专业知识教育、具备某种专业技术能力或专业特长的人才进行的甄选。专业技术人才具体包括工程技术人才、农业技术人才、科研人才、卫生技术人才、教学人才、经济管理人才、会计人才、文化人才等。

专业技术人才甄选的内容，主要包括两大类。一是对应聘者专业知识和专业技能的考察；二是对影响专业技术人才工作绩效心理因素的测评。人们所具备的能力可以分为一般能力与特殊能力。一般能力是指在不同活动中表现出来的一些共同能力，如记忆力、观察力、注意力、逻辑思维能力等；而特殊能力是指从事某种活动所特有的能力，如音乐家所需的音乐鉴赏能力，滑雪运动员所需的身体协调能力等。对专业技术人才的专业知识和专业技能的考察，主要就是测试其是否具备从事专业技术工作所要求的特殊能力。

员工要取得良好的工作绩效，不仅取决于他的专业知识和能力水平，还受其人格特点、工作积极性等心理因素的影响。因而，在专业技术人才甄选中，对其心理因素的考察也是非常重要的。比如，对会计人员的甄选，除具备相应的专业知识与能力外，还需要工作认真负责、耐心细致，不能马马虎虎、三心二意。

在面试阶段，专业人才甄选的方法与其他人员的选拔有着本质的区别，主要区别在测评要素、测评内容、测评方法和评价体系的不同，重点测评其专业技术水平、创新能力、发展潜力以及爱国精神、科学精神、奉献精神、团队合作意识等。除了常规的面试方法外，专业技术人才甄选还有一些特别的方法，比如建立胜任特征模型。胜任特征模型，是指在特定工作岗位上，工作表现突出的人才所具备的个性特征和能力特点。简单来说，胜任特征模型就是将胜任某一个工作岗位所需要的能力和个性特征，用一种客观、可测量的方式表现出来。

二、专业技术人才甄选中的心理测试

专业技术人才甄选，除了专业知识能力与专业技能外，最重要的就是对影响工作绩效心理因素的考察。不同行业领域、不同职业类型中，拥有不同能力特点、人格类型的个体，所发挥的价值是不一样的。现代人才应具备创新实践、跨领域合作、高情商合作、高效沟通、积极主动、乐观向上等基本特征。在专业技术领域更能体现这一点，比如在科学研究领域，研究人员不仅需要扎实的专业知识，还需要有坚持不懈、坚韧不拔的品质。在航空领域，安全是最为重要的，飞行员不仅需要有过硬的驾驶技术，还需要具备临危不惧、处变不惊的心理，以保证在危机情况下，能够迅速作出正确反应。这些心理因素是无法直接测试的，除了在面试中进行评估外，还可以通过心理测试来完成。

在专业技术人员甄选中，常用的心理测试除了特殊能力测验、人格测验和价值观测验外，还有威廉斯创造力倾向测量表、个人价值需求量表、自我效能感量表等。

（一）威廉斯创造力倾向测量表

威廉斯创造力倾向测量表，共有50题。通过测验个人的冒险性、好奇性、想象力和挑战性等特点，来测量其创造性倾向，分数越高，创造力水平越高。创造性的个体具有想象流畅灵活，不循规蹈矩，社会性敏感强，心理防御弱，愿意承认错误，与父母关系密切等特点。高创造力的个体在进行创造性工作时更容易成功，低创造力的个体则循规蹈矩，更适合进行常规工作。

（二）个人价值需求量表

个人价值需求量表，分为财富、健康、享乐、工作、权力、研发、激励和成就8

个维度。通过测评可清晰地反映出测试者目前的状态和潜在的需求倾向。该测评结果并不代表测试者的实际能力，只是反应测试者的价值需求，表明测试者希望朝哪个方向发展以及目前的状态。明确专业技术人才的价值需求，在一定程度上有助于了解其后续的发展潜力，可以为最终决策提供参考。

（三）自我效能感量表

自我效能感是指个体对自己面对的挑战能否采取适应性行为的知觉或信念。一个相信自己能处理好各种事情的人，在生活中会更积极、更主动。这种“能做什么”的认知反映了个体对环境的控制感。因此，自我效能感以自信的理论看待个体处理生活中各种压力的能力。自我效能感对于专业技术人才而言是非常重要的，自我效能感量表可以反映出自我效能感高的个体在面对各类问题与挑战时，能够及时采取有效的措施，从而避免事故的发生或降低突发事件的影响。

需要注意的是，专业技术人才甄选涉及行业领域众多，不同领域对专业人才的要求不同，差异较大，因而在选择心理测试时，不宜过多参考其他领域，需要从本领域出发，通过观察或研究领域内杰出人才的能力特点和人格特征，选取合适的心理测试方法，作为专业技术人才甄选的辅助工具。

第五章　面试的应试准备

面试如何获得成功，这是所有应试者共同关注的话题。首先，要做好面试前的各项准备。这是成功应试的前提和基础；其次，善于自我认识与自我完善。在综合分析的基础上，知己知彼，明确自己与其他应试者相比有什么优势、有哪些弱势，要保持和发扬优势，尽快补齐短板；再次，要做好心理调适。考前心理障碍是多数应试者都会遇到的，属于正常现象，毕竟面试是应试过程中的重要环节。紧张不可怕，怕的是打无准备之仗，因而做好心理调适非常重要；最后，个人形象设计和仪态也很重要。综上所述，面试准备不仅必要，而且十分重要。

第一节　做好面试前的准备

面试前需要准备的内容比较多，应列个清单，以防遗漏重要事项。一般来说，面试前需要准备的有：收集相关信息，调查研究，准备好面试的有关内容，携带好必备的物品等。

一、收集信息

面试之前，一定要广泛收集与面试相关的各方面资料与信息，特别是应聘单位的各类信息。有了充分的准备，就能做到有的放矢。不同单位、不同岗位的工作环境、工作任务会有很大的差异，所以了解清楚应聘单位的背景、性质、规模、特点、组织结构、职业发展前景等情况，对应试成功很有帮助。同时还要了解你所应聘的岗位是做什么的，主要职责是什么以及需要什么类型的人员，对人员素质有什么具体的需求，主要应用的专业知识和专业技能是什么等。这些资料的收集不仅对于你的面试应答会有帮助，而且有利于提前做好应试前心理上的准备。

二、调查研究

（一）调查研究的目的

现代社会，信息非常重要，谁能及时、迅速、准确地获得对自己有用的信息，谁就能在激烈竞争中占据优势，为成功创造条件。为了获取真实有效的信息，就必须对招聘单位和岗位要求进行调查研究。对招聘单位和岗位不了解，会造成你在面试中的被动。面试中的一个重要评价要素，就是求职动机。主考人员经常会问类似的问题：你对我们单位了解吗？你为什么来应聘？你对你要应聘的岗位了解吗？你为什么应聘这个岗位？假如你被录用后，你将如何开展你的工作？回答这样的提问，绝不仅仅是个技巧问题，从来也没有什么标准的答案。如果没有进行过调查研究，你的回答很可能不着边际，自以为回答得体巧妙，实际上却可能犯了大忌。假如你所应聘的岗位要求按章办事、循规蹈矩，你却大谈打破常规、抛开规则，其结果就可想而知了。面试过程中，你回答每一个问题都要有根据，从客观实际出发，这个客观实际就是指招聘单位和岗位的实际，离开这一点，你的回答就失去了根基，你的成功也就失去了保障。对单位和岗位进行调查研究，会减少你应聘的盲目性，以及被录取后的心理反差，有助于你面对现实，迅速适应单位的环境，采取有效的应对措施，尽快适应角色，有利于今后工作的顺利开展和职业生涯的发展。

（二）调查研究的内容

1. 关于招聘单位。应试者要调查研究招聘单位的性质、主要职能、组织结构和规模、人员结构、专业结构、人际关系以及岗位要求等状况。例如，某省监狱管理局录用公务员面试时曾考过这么一道题：什么是监狱？请谈谈你印象中监狱管理机关的情况。这时，如果应试者对监狱的基本情况比较了解的话，回答问题会很主动，面试通过的概率就大。但面试中大多数应试者对这一问题回答得不够理想，使自己同这个岗位失之交臂。

如何获取招聘单位的资料呢？一般可以在互联网上查阅，也可通过其他方式了解。

例如你可以向父母、朋友、同学或亲戚打听，也可以向在该用人单位工作的熟人咨询，还可以通过电话、新闻报道、广告、杂志以及其他书籍来寻求这些信息。这里推荐一种比较简单可行的办法：直接上政府相关网站查询所报考单位的信息，比如你报考的是某省司法厅办公室文员的岗位，你可以通过搜索引擎登录该单位的网站，就会发现在该网站的主页有“职能介绍”“政务公开”“政策法规”“办事指南”“业务导航”等栏目，打开这些栏目一一浏览，基本上可以了解你所报考单位的性质、职能、规模、历史等情况。这些资料足以应对面试中可能出现的相关问题。

2. 关于应聘岗位。应试者应尽可能全面了解有关应聘岗位的真实信息，如工作性质，任务和责任，岗位所需的知识结构、能力结构，对应聘人员兴趣爱好、个性特征、技术特长等专门要求，以及工资待遇福利等。

各类面试竞争很激烈，有时 0.1 分之差就可以决定竞争的结果。因此，应试者必须在考前做足准备工作，务必花一些时间和精力，了解所报考岗位的具体要求。最直接的办法是向在这个单位工作过的师兄、师姐、亲朋好友打听，还可以通过网络、报刊收集该岗位的相关资料，最好能在面试前对岗位的工作性质、工作状态、工作目的、服务对象有一个比较全面的了解。这样不仅能有针对性地回答问题，还能引起考官的关注和兴趣。

了解到一些国家机关的职能和公务员的职业性质等信息之后，最好还能进一步了解同一机关、不同层次公务员在工作环境、工作任务等方面的异同。例如，同样是税务干部，省、市税务局机关和某一个基层税务所在工作职责、工作环境、服务对象等方面存在着一定的差异。应试者若能在考前了解清楚这些差异，则可以在面试中攻守自如。

（三）调查研究的方法

1. 文献资料法。应试者可以通过有关文献资料，了解招聘单位情况，这是比较有实际价值的信息源。在查阅有关文献资料时，要做一个积极的思考者，努力从浩瀚繁杂的信息中提取真实、有用的信息。目前人们经常利用的有效文献查阅渠道是利用该单位的网站。

2. 间接访谈法。可以直接或间接请亲友、同事、同学、老乡等关系比较亲密的人帮你寻找必要的信息，充分利用人力资源去获取宝贵的信息资源。你要多与人沟通，让对方知道你想要了解哪方面的信息。在与人沟通的过程中，有时你会获得意想不到的重要信息，所以千万不要把自己封闭起来，而要积极主动地利用好现有资源。

3. 信息共享法。比如，你想去 A 单位应聘，你的一个同学想去 B 单位应聘，彼此都不方便直接去招聘单位访谈。这时你们就可以做一些交流，由你去 B 单位，你的同学去 A 单位拜访各自的熟人，访谈结束以后，互相交换信息，达到信息共享的目的。信息共享的方法对双方都有利，而且方式灵活多样。

4. 专家咨询法。如果有幸能接触到擅长工作分析和人员甄选的人力资源管理专家，听听他们的建议，将会大大增加应试者成功的机会。人力资源管理专家特别是人才测评方面的专家会帮你作出专业的分析，有助于你在面试中掌握主动、应对自如。

三、准备面试内容

应试者不仅要了解面试时间、面试场所、面试可能采取的形式，也要对面试内容有所准备。内容准备包括两个方面：一方面要设想面试中可能会被问到的问题；另一方面要想象你在面试时所要提出的问题。因为招聘单位不同，工作性质不同，考官不同，提出的问题肯定也不同。同样，由于应试人员面临的情境不同，各人自身情况不同，想要提出的问题也不会相同，所以对于面试问题的准备，应试者不要企图事出万全，预先准备好所有问题及答案。

面试前要认真做好知识准备，重温有关面试的内容。应试者面试侧重做好以下几方面的准备：一是公共知识。二是与单位及岗位有关的知识。三是社会问题。四是个人问题。要留意报纸杂志、电视等媒体，关注时事及社会热点问题，以及本地区、本行业、本系统的情况。要全面、充分、客观地了解自己，包括自己的特长、优缺点、爱好、兴趣等，以防备考官提问涉及本人情况的问题时手足无措，无法应对。

我们可以总结归纳出面试的共性，找出一般规律来引导应试者做一些具体有针对性的准备。

（一）应试者个人信息

主要是有关应试者自身的基本情况，如兴趣、爱好、特长，婚姻、家庭、宗教信仰，理想、抱负、人生观、价值观、世界观等。这些问题的答案没有正确和错误之分，可以根据自身情况作答，但应注意以下几点：

1. 要与个人简历和求职信上的信息对应一致，千万不能自相矛盾。

2. 不要夸夸其谈与招聘单位和岗位无关的问题，即使是你的特长和优点也要控制。

3. 谦虚谨慎，不可表现得野心勃勃，唯我独尊。

（二）求职动机

弄清应试者的求职动机，是考官的基本任务之一。验证应试者求职动机的这一类问题有：

1. 你为什么辞去原来的工作？

2. 你为什么选择来本单位应聘？

3. 你对应聘岗位有哪些期望？

4. 如果你被录取，今后工作中会如何发展？

（三）工作经验

在人员甄选中，用人单位一般坚持在素质、能力相当情况下，工作经验优先的原则。特别是招聘岗位级别比较高的人员时，工作经验是必须要考核的。因此有经验的考官会询问应试者的工作经验，并验证其是否属实。这类问题有：

1. 你以前都从事过哪些工作？最喜欢哪个工作，为什么？最讨厌哪个工作，为什么？

2. 原工作岗位职责有哪些？

3. 你在工作中曾取得了哪些值得自豪的成绩？

4. 我们每个人都会犯错误，你能谈一下在工作中所犯的错误和所受的挫折吗？

5. 你在工作中曾经遇到过什么困难？最后是怎么解决的？

考官所关心的是与你目前正在申请的岗位有关的工作经历、经验，所以你必须阐述清楚与应聘岗位相关的工作经验，不要漫无边际地闲聊。回答求职动机的时候，要考虑周全，不要误入陷阱。

（四）未来的计划和目标

用人单位非常关心新员工的心态和打算，特别想知道他们是否会全身心投入到工作中，有没有明确的计划和目标。因此，对于可能成为本单位新员工的应试者，考官往往会问及对方对未来的计划和目标。这类问题有：

1. 如你被录用，你准备怎样开展工作？有什么设想？

2. 在入职后如有其他的工作机会，你会怎样对待？

3. 进入本单位后，你认为自己的优势和不利因素是什么？

4. 你是否明确了在本单位的奋斗目标？你怎样去实现自己的目标？

对于未来的计划和目标，你必须要有所考虑，要理清自己的思路。在回答时要把握住这样一个原则，即个人的计划和目标应当服从于组织的计划和目标，不能太理想化，不能犯个人主义的错误。这类问题不太好回答，事先要仔细、全面地考虑，面试时不可避而不答，应大胆地提出自己的设想和方案，尽管可能不成熟，但总比一无所知要好得多，因为考官关心的往往不是你的设想和方案是否可行，而是你对这类问题有没有认真考虑过。如果你能提出可行性的计划和方案，符合组织的利益和需要，那么你将成为优胜者。

四、携带必要物品

在面试之前，需要做好充足的准备，防止因为疏忽大意，导致面试失败。参加公务员录用或事业单位公开招聘面试时需要携带的物品主要有：身份证、准考证、面试通知单、个人资料（简历、资格证书，以及面试通知中要求的其他个人材料）、辅助用具（纸和笔、水杯、纸巾或湿巾、手表等）。如去企业面试，则要携带简历、各种证书，包括身份证、毕业证、学位证、获奖证、成果证、离职证明、职称证、技能证书等。

第二节　自我认知与自我完善

一、自我认知

在面试之前，应当进行自我分析，分析优势和不足，兴趣与潜能，以及职业适应性等相关个人特征，并且明确与试题内容相关的答题方略，以充分的自我认知来进行考前准备。

（一）知识结构

知识结构，是指一个人所掌握的知识类别，各类知识相互影响而形成的知识框架以及各类知识的比重。可以从以下几个方面进行分析：一是自然科学知识和社会科学知识的比重，二是普通知识和特殊知识的比重，三是基础知识和专业知识的比重，四是传统知识和现代知识的比重，五是文化知识和社会知识的比重等。你并不需要对自己的知识结构得出一个精确的结论，但要找出你所特有的或占优势的知识类别，以及你缺乏的或处于劣势的知识类别，这样才能发挥优势，弥补不足。

在面试之前，知识结构的分析至少对你有两方面的作用，一是根据自己的知识结构，选择适宜的职业。例如，如果你在计算机软件方面有渊博的知识，却对管理学一窍不通，你最好还是去搞科研，而不要去竞争人事经理的职位。如果你的文字功底很差，就尽量避免去竞争文秘类的岗位。二是针对应聘岗位所需的知识结构，尽快弥补不足，使自己现有的知识结构得到改善，以更好地适应岗位要求。

在面试中，一些试题本身就是纯粹的知识性试题，主要是考察应试者对一般性知识和专业性知识的了解和掌握。一般性知识是指从事该工作的人都应具有的常识，例如，财会人员应了解会计法律法规、财务制度，人事经理应了解劳动人事法规以及人力资源管理方面的知识。专业性知识指专业领域的专门知识，例如对于司法系统或税务系统录用公务员面试，可能会涉及司法或税收方面的专业知识。对于此类问题的回答，只有靠应试者平时扎实的知识积累。

（二）能力结构

能力的类型多种多样，包括记忆能力、理解能力、综合分析能力、口头表达能力、文字表达能力、推理能力、环境适应能力、反应能力与应变能力、人际关系处理能力、计划组织协调能力、想象能力、创新能力、判断能力等。能力结构对求职的方向选择尤为重要。面试前，应试者对自己的能力结构进行判断分析是必要的，不同的职业、不同的岗位需要不同的能力结构。发挥自己能力方面的优势，避开能力方面的欠缺，是事业成功的前提条件。分析评价自己的能力结构，一是凭直觉来判断，二是凭经验来判断，三是凭与别人的比较来判断，四是凭别人对自己的评价来判断，五是凭能力倾向测验来判断。

目前笔试中已经采用了一些比较成熟的能力倾向测验量表，如文字运用能力测验、语文推理能力测验、数字理解测验、推理能力测验、机械工作能力测验、环境适应能力测验、想象能力测验、判断能力测验、领导能力测验等。你可以根据自己的情况进行测验，并根据自身的优缺点来有目的性地扬长避短。

相对量化的能力倾向测验而言，面试在能力方面的考察主要集中在口语表达能力、应急应变能力、综合分析能力、逻辑思维能力、自我控制能力等方面，因此应试者应当对有关这几项能力的测验多加注意，从而在面试时作出有利于自己成功的回答。

（三）心理特征

心理特征主要包括气质和性格两个方面。气质是与个人神经过程的特性相联系的行为特征。人们的气质存在着相当大的差异，对自己的气质类型作出评判，选择适合自己的工作，对每个人都是十分必要的。面试还是比较注重个性评价的，例如支配性、合作性、独立性、灵活性、自信心、责任感、自制力、印象性、掩饰性等都可能成为对应试者的考察内容。一般来说，个性没有绝对的优劣之分。你在应试过程中不要过于掩饰自己，而应表现出真实的自我。但是，当你明确知道应聘岗位所要求的个性特征时，可以有意识地表现出一些相关的特征，使自己的表现工作符合岗位的需要。

（四）职业适应性和职业价值观

面试很注重对职业适应性和职业价值观的考察。考官会经常提出有关这方面的问题，应试者应当事先对应聘岗位进行尽可能多的了解和分析，使回答具有较强的针对性，以此证明你具有适合该岗位需求的特性。例如应聘秘书一职，你就可以谈及以下内容：我喜欢保持房间和桌面整洁，喜欢写文章或信件，善于公文写作，能熟练操作电脑，善于在短时间内分类和处理大量文件，喜欢阅读与人际交往有关的书刊，善于协调与沟通，善于与人合作，待人热情等。

二、自我完善

经过正确的自我判断与评价，发现自己的差距，如何缩小这个差距，则需要从知识结构、能力结构、个性心理等方面着手完善与改进。关于自我完善，我们从面试对应试者的一般要求来作些基础性的阐述。

（一）创造力

应试者的创造力与自我完善从以下做起：

1. 坚定信心。一个有所作为的人，必须始终相信自己，坚信自己在创造力方面有潜能，将来比现在更加具有创造力。

2. 放飞梦想。一个人要想富于创造力，必须努力破除条条框框，打碎束缚自己想象力的枷锁，对任何事物都怀有好奇，并努力实现个人梦想。

3. 开发潜意识。潜意识是人们长期学习、积累经验的结果。知识越深厚、经验越多、横向联系越广，人的潜意识就越强。

（二）沟通能力

沟通就是对话，包括口头和书面的对话。面试过程就是考官和应试者的沟通过程。因此，培养和开发沟通能力应注意以下几个问题：

1. 培养有利于沟通的心理和行为。尊敬他人和自重，直接、诚恳而适当地表达自己的感受、需求和看法，避免产生防御性沟通。首先要对事不对人，其次是交谈中要寻求共同的目标，而不用控制的方法，最后不要使用武断性的语言。

2. 尽量使用易于理解的语言，增加传播内容的可接纳性。减少使用专门术语，尽量多用具体化的语言，必须使用抽象语言的时候，要鼓励对方反馈，以促进彼此的了解。沟通要合乎明确、简洁、适当、经济的原则。明确、简洁，是指不要选择意义容易混淆的言词，不使用产生歧义的语言；适当是指语言合乎主题、场合及沟通参与者的需要；经济是指语言要易于理解、言简意赅。

3. 妥善运用非语言信息。说话的语气既不要迟钝，也不要尖刻，而要自信、平静，肯定而有力；音量要大到足以让人听清楚，但又不可大声喊叫；目光要保持适当的接触，让对方有参与和受重视的感觉。此外，身体姿态必须表现出关心而非高高在上或卑躬屈膝的样子。

4. 培养正确的倾听方式。正确的倾听方式需要不断地锻炼和培养，正确有效的倾听应努力做到：注意把握主题，不要先入为主，不要只听结果，要注意倾听事实、真相。

（三）自信心

自信心是成就任何事业的必备条件，几乎任何职业都需要从业者有自信心，因此，任何面试都有关于自信心方面的考察。培养和开发自信心要注意以下几个方面：

1. 注意区分自信的行为和不自信的行为。不自信的行为有两种：一是屈从，二是粗鲁。屈从的表现是：对他人不正当的要求忍辱退让，不敢提出自己的主张、观点和感受，易受他人左右。粗鲁的表现是：提出自己的要求、感受和主张，而不顾或轻视他人的观点，对出现的问题或失误责怪他人，持有讽刺、不友善或恩赐他人的态度。自信的表现是：在表达自己的观点、要求和感受时，尊重他人所拥有的同样权利。

2. 在生活和工作中尽量表现出自信。即使只是形式上的自信也是必要和有益的。经过反复和强化，自信最终将从形式转化为本质。

3. 善于发现自己的长处。对自己的进步给予自我鼓励。

4. 努力学习别人的长处。每个人的长处大多不是天生的，只有经过艰苦努力，人才会进步，因此要乐于向他人学习。

5. 不要害怕暴露自己的缺点。不要追求尽善尽美，每个人都有自己的不足，你有缺点是正常的，不要为此而羞愧，而应积极地去克服和改正。

第三节　面试心理准备

在面试过程中，应试者处于一种接受提问与考察，同时又自我表现的状态。这种角色往往让应试者出现两种极端倾向，或者因过于拘谨而表现不足，或者因表现过分而卖弄做作。这两种倾向都会影响面试成绩。

一、应试者易形成的心理偏差

（一）期望过高

在面试过程中，这类应试者表现出盛气凌人、目中无人、舍我其谁的态势。有些应试者看待社会过于理想化，不能正确评价自己与他人，常常对自己期望过高。他们一般个性鲜明，或某方面有专长，或过去多受奖励。但期望值过高、过于自负的应试者往往事与愿违。这种心理完全与自信心理相冲突。克服期望过高的办法是，有意识地参与社会生活，拉近自己与现实生活的距离，提高自我评价能力与适应社会的能力。

（二）趋同心理

趋同心理，是指应试者一味顺从、迎合考官倾向的一种心理现象。具体表现为失去了自己的个性特质，对考官言听计从，甚至言行举止都与考官保持一致。趋同心理的根源在于缺乏应有的个性品质，导致缺乏自信、盲从模仿。这样的应试者往往会被考官所摒弃，因为用人单位需要的是人才而不是唯命是从的“木偶”。

（三）表现心理

表现心理，是指应试者主动展示自我的一种心理现象。大多外向型性格的人都有较强的表现心理。体现在应试者主动与考官握手，回答问题时可能出现抢答，自我表白、言语过多等。适度表现是正常的，既能体现出自信又能表明自己心理状态的“放松”，但过度的表现自我会给考官造成你不重视考试的感觉，对你表现的评价也会大打折扣。

（四）求全心理

一方面，应试者希望自己选择的工作单位待遇高、福利好、工作舒适；另一方面，又希望能专业对口、发挥自己的特长、得到面试考官的好感，最终被录取。所谓：鱼与熊掌不可兼得。你必须要明确面试中自己的主要目标，主次不分、求全责备是大忌。

（五）恐惧心理

恐惧心理，是指应试者因处于被评价位置而产生害怕的心理现象。具体表现为紧张、不安、惊慌、怯场等。一方面，通过正确的认识面试考试和强化实践练习，可以逐渐减弱畏惧心理。另一方面，调整一切产生恐惧心理的因素，多与家人及同学、朋友交流，多参加户外有氧活动，听舒缓的音乐，也能够缓解紧张心理。

（六）戒备心理

戒备心理，是指应试者与考官之间因彼此陌生而出现的心理上的距离感。具体表现为应试者过于拘谨、防范、疏远、不愿说心里话等。这类应试者多为性格内向、自我保护意识较强的人。经验丰富的考官会利用各种方法调节应试者的情绪，使其达到最佳的应试状态，让应试者真正展现自己，公平竞争。

（七）自卑心理

自卑心理，是一种消极的心理现象，是个人对自我评价偏低的一种心理倾向。自卑感严重的人，往往处世消极，不思进取。这种心理对于参加面试的应试者来说，危害很大。“精诚所至，金石为开”，一个人只要全力以赴，成功的概率就会增大。从心理学的观点来看，克服自卑心理是一个艰难的过程，除了更多的实践练习外，最重要的是，认为自己“必然可以做到”，树立自信心，才能接近目标、追求成功。

（八）负重心理

负重心理，是指应试者因对面试期望过高而产生的心理负担过重的倾向。具体表现为心理压力大、急躁、焦虑、思想不集中，甚至出现晕场现象。针对这类情况我们建议放松身心，顺其自然，把面试当成一次聚会，放下包袱，轻装上阵。这样的逆向心理可以使应试者真正发挥自己的水平，实现目标。

（九）掩饰心理

掩饰心理，是指应试者企图掩盖自身缺陷的倾向。表现在回答问题上，支吾搪塞、答非所问；表现在言行举止上，神色不安、抓耳挠腮、避开考官视线等。掩饰不如坦诚，对于考官想了解的方面如实、主动地表达清楚，方能增加考官对你的信任。

（十）怀疑心理

怀疑心理，是指应试者对面试过于敏感和多虑的一种心理倾向。表现为对考官及工作人员高度警惕，对面试过分的敷衍或过分关注。其原因主要是对面试本身的公正性持怀疑态度，或缺乏自信、性格内向、顾虑多疑等，这种心理将成为影响应试者自我发挥的最大障碍。

二、自我心理测试

应试者可以通过测试来初步判断自己的心理状态。下面这些题目可以帮助我们对自己面试前的焦虑有一个确切的判断，见表 5-1。

请认真阅读每一道题，如果题中所述与自己情况“很符合”则计 3 分，“较符合”计 2 分，“较不符合”计 1 分，“不符合”计 0 分。

表 5-1　　面试焦虑自测表

可能表现出的症状	很符合	较符合	较不符合	不符合	得分
1. 面试还有好几天，我就已经坐立不安了					
2. 临近面试时，我会拉肚子					
3. 一想到面试即将来临，我的身体就会发僵					
4. 面试前，我总感到苦恼					
5. 面试前，我感到烦躁，脾气也变坏					
6. 面试准备期间，我常会想：“面试如果通不过，我该怎么办？”					

续表

可能表现出的症状	很符合	较符合	较不符合	不符合	得分
7. 面试一天天逼近，我的注意力越来越难以集中					
8. 一想到马上就要面试了，参加任何文体活动，我都觉得没劲					
9. 面试前，我常常预感到“这次要糟。”					
10. 面试前，我常做关于面试的梦					
11. 面试前，我上厕所的次数增多					
12. 面试前，我常常感到头痛					
13. 我担心，如果我通不过面试，有些人会瞧不起我					
14. 我非常讨厌面试这种考察人才的方式					
15. 如果面试不关系到我的未来，我会喜欢它的					
16. 面试不应当搞得过于紧张					
总计得分					

根据得分情况判定面试焦虑程度，见表 5-2。

表 5-2　　面试焦虑程度判定表

得分情况	目前心态	判定
0~6 分	你很镇定，你能以较放松的状态来面对面试；如果得分近乎是零，则说明你对面试简直是毫不在乎	
12~24 分	你有着轻度的焦虑，面对面试，你可能有点惶恐不安，但这是正常的。请记住，轻度的焦虑会有助于你在面试中发挥水平	
25~37 分	你的焦虑程度过高。对于即将到来的面试过于激动紧张，如不采取有效措施，你将难以发挥出正常的水平	

续表

得分情况	目前心态	判定
37 分以上	你已经患上面试焦虑症，对于面试有着莫名其妙的恐惧感。在面试中，会严重怯场，你必须通过学习与训练扭转这种局面，否则会前功尽弃	

通过测试，应试者可以提前知道自己的心理状态，了解在哪些方面需要调适，以便尽早克服不良心理，放下包袱，从容应对，为成功面试打下良好的心理基础。

三、克服不良面试心理的方法

我们应该在心态上保持从容、冷静，并且迅速进入面试角色，针对主考官所提的问题，正常回答。为了达到上述要求，应该从多方面做好准备，克服不良心理。

（一）端正认识

这里可以借鉴一句军事术语：在战略上藐视敌人，在战术上重视敌人。不要把这次面试看得太重，应该正确认识包括面试在内的整个考试的意义，不要把它当成自己唯一的出路，须知“条条大路通罗马”。同时，还需做到足够重视、认真踏实地复习备考。

（二）客观评价

应试者要看到自己的缺点和不足，更要实事求是地评价自己的优点和缺点，做到客观、理性，以此摆正心态，从容应对面试。

（三）情境模拟

考前模拟是快速提高面试技巧的最实效且简单易行的方法。模拟面试的具体操作方法是：找一个和考场类似的房间，请朋友和你一起按面试程序进行模拟，按要求提问。若条件不允许，自己坐在一面镜子前做模拟面试的练习也可。整个过程要计时，要注意分析、总结经验，对于模拟中表现的不足要及时弥补改进。

（四）调节情绪

1. 心理暗示法。当担心面试表现会不如别人时，你不妨想想：只要自己尽到努力，就无怨无悔了，担心又有什么用呢？包括自己在内，能顺利进入面试的应试者都是优秀的，这么一想，在心理上就放松了，更有利于考出好成绩。当你担心自己相貌不好时，不妨想想自己的优点，如个性良好、为人诚实、才能突出等，有利于增强信心。

2. 深呼吸法。对于临近面试时的焦虑，可以通过深呼吸法来调整自己的情绪，平复心情，以从容、自信的姿态应对。

3. 想象法。体验到长时间的焦虑，感到身体和心理都有些疲劳，特别是眼睛感到疲劳的时候，可以运用这种方法来调整。你可以想象自己置身于大草原中尽情地吮吸着青草的香味，或者想象自己在蓝色海边的沙滩上尽情的奔跑跳跃。

以上简单介绍了调节焦虑情绪的 3 种方法，但要从根本上改变自己的不良情绪状态，克服心理偏差还需要从思想认识上下功夫，端正认识，摆正位置，以积极的心态去应对挑战。

第四节　形象设计与仪态

应试者的外在形象气质对求职成功与否具有十分重要的影响。从形象的设计与仪态的准备中，主考人员可以轻易地分辨出应试者对考试的重视程度。一个形象良好、仪态优雅的人，虽然并不一定能胜任工作，但会为自己获得格外的肯定。如果衣着不整齐，举止不文雅，必然影响到面试的结果。因此，面试形象与仪态，是应试者不容忽视的问题。

一、形象设计与着装要点

应试者应当用最佳的形象设计来包装自己。要做到虽然精心修饰过，却不露痕迹。包装自己时要记住一点，服饰和装扮本身就是一种无声的自我介绍，经验丰富的考官会从中读出你的许多东西，如年龄、家庭状况、经济条件、受教育程度等。在大众审美观中的漂亮并不一定是面试中的最佳形象。打扮得花枝招展，身着高档服装，可能给主考官带来不安心工作，追求外在光鲜，不满足现状等不利的印象。所以在装扮自己时，应试者必须给自己一个明确的定位——我要凭个人形象气质来赢得考官的肯定。

（一）着装

面试主考官评判应试者服装的标准是：整体协调中显示着不凡气质与风度；稳重

中表达着真实的可信度；独特中言说着突出的个性。西服套装最为“保险”。面试银行工作人员、公务员、教师等岗位时，最好着正装。面试其他岗位，如技术开发岗位，着装整齐大方即可，切忌穿拖鞋、大裤衩、运动鞋、破洞的时尚衣裤等，这会给人随随便便、邋里邋遢的感觉。面试着装的要点包括：

1. 与面试环境、气氛相协调。

2. 自然大方地展示你的形象。

3. 与你的气质相协调。

4. 与你的举止相吻合。

5. 符合应聘岗位的职业特性，并选择与之相匹配的服装。

6. 配戴与服装相搭配的饰物，男性指领带、手表、眼镜等，女性指发卡、胸针、手表等。

（二）发型

头发整齐、干净、有光泽，能够显露出你整个面庞，符合大众的审美观。对于男性来说，长发是大忌，头发应打理干净，避免出现头皮屑。女性发型最忌讳的一点，是有太多的头饰，最好采取扎发（长发的女性佩戴长条形状的发卡，将头发扎在脑后会给人整洁、理性的直观感觉）或盘发。

例如：某单位招聘档案管理人员，同样条件的两个应试者，一个衣着光鲜、色彩明亮、发型前卫、有胡须。另一个着装沉稳、发型朴实、胡须干净、鬓角整齐。在两人都符合基本条件的情况下，后者成功的概率明显高于前者。从外形上看，后者更加稳重，也符合岗位要求。

（三）色彩

在面试中，岗位的特性对应试者的形象、服饰色彩是有一定要求的。例如：招聘岗位对技术要求较高并且需要长期冷静思维，如编写程序等工作，应试人员最好选择蓝色偏冷色调的衬衫（体现出冷静且善于思考），而不是火红的体恤（体现热情奔放）。此外，穿着的颜色太多，会给主考人员强烈的视觉刺激，无论男女，全身上下的颜色总共最好不要超过 3 种。

总的说来，形象设计符合两个原则：一是要和自己报考的岗位相吻合；二是要和考场庄重严肃的气氛相适应。在每年的面试前，男生挑一身合适的西服，女生挑一身得体的职业装，已成为面试准备中的一个必要环节。

二、仪态举止扩展提升

仪态指的是人的姿势、举止和动作。面试时，从你举手投足的一个小细节，考官就能看出你的仪态是否得体，是否合乎礼仪。所以我们应注意自己的一举一动，防止因为小小的疏忽，造成遗憾。大多数应试者在面试时应着重把握以下几个方面：

（一）减少小动作

面试中乱摸头发、胡子、耳朵、鼻子，可能被理解为你在面试前没有对这些部位好好打理，个人卫生注意不够。事实上可能只是因为非常紧张，乱摸中会分散注意力，使你不能专心聆听考官的问话。说话时用手捂嘴，或两只手下意识地在面前乱动，做一些不合时宜多余的肢体语言，让人感觉你对自己没信心，局促、紧张。

（二）避免错误的坐姿

面试时有两种坐姿最不可取：一是全身瘫倒在椅背上，二是战战兢兢地只坐椅边。正如花有花语一样，坐也有坐意：仰坐表示轻视、无关紧要；少坐意味着紧张、不自信；端坐，意味着重视、聚精会神。面试时，不要紧贴着椅背坐，也不要坐满，坐下后身体要略向前倾，一般以坐满椅子的 2/3 为宜。坐下时的动作要轻，要体现一种从容自信、气定神闲的风度来，切忌将桌椅挪动得哗啦哗啦响，或者“咚”的一声坐下去。

正确坐姿是：左进左出，落座无声。即从座位的左侧进出，落座时不发出嘈杂的响声，入座时背对座位，用双腿轻碰座位边缘来感觉座位和身体之间的距离（不宜扭转身子和回头去四处寻找座位），然后轻轻落座；着裙装的应试者在落座前不要忘了随手整理一下裙子，以免坐下后裙边撩起，出现不雅。

（三）保持正确的站姿

正确的站姿应该是：昂首挺胸，头要正、颈要直，下颌微收，目光平视前方，面带微笑。男性双臂自然下垂，中指处于裤缝，两脚跟靠拢并齐，两脚尖向外分开约一脚之长，稳稳站立；女性的双脚可摆放成“丁字步”微侧站立，双臂下垂，双手自然交叉放在上衣最下面的纽扣处。总之，站姿以自然挺拔为好。

（四）选择正确的行姿

正确的行姿是：昂首挺胸，目光平视前方，面带微笑，双臂自然协调摆动，直线行进，步履矫健、轻盈，步幅适中，步速均匀。切忌：走鸭子步、模特步，或仰头看天或低头行进，以及碎步小跑或大步流星、连蹦带跳等。

（五）拥有自信的表情

面试中最佳的表情应该是自始至终的自信从容的笑容。要努力在考官面前表现出热情、友好、大方、自然、自信的样子。特别要注意眼神的交流。面试时应该要和考官有目光交流。正确的办法是：眼角含笑，先环视一下各位考官，然后将目光停留在主考官的鼻子和双眼之间，千万不要目光游离，眼珠乱转，也不可低眉顺眼、不敢抬头正视，或眼望天花目空一切。无论面试题目是难是易，应试者都不应该将自己的心思通过表情传递给考官。应试者要善于掩饰自己的真实感受，特别是遇到难题时，你的愁眉苦脸、凝重眼神、沮丧表情可能会暗示考官：这一题我不会回答，不要给分我了。相反，如果我们在整个面试过程中，都能以一种淡定从容、气定神闲的表情应对，即使个别问题的回答不那么完美，会因为你优雅从容的大将风度而加分。

三、注意事项

（一）提前一天看考场

面试前一天要确认好面试的具体地点，掌握从住宿的地方去面试考场可能会花的最长时间，并尽量熟悉面试考场的各种环境，如厕所的位置、打水的地方，若自驾，要熟悉停车场位置。

将精心挑选好的服饰（服装、头饰、领带、丝巾、鞋等）试穿（戴）一下，消除穿新衣的不适感。面试前一天一定尽早休息，以保证旺盛的精力。女士最好能化淡妆，有条件的建议请专业人士帮忙。男士注意衣着的庄重、整洁和发型的干净、利落。

（二）提前到达考场

按通知时间提前 30~40 分钟到达考场，按工作人员的要求进行验证、签到、抽签，按要求将手机关机，专心聆听工作人员介绍相关考试要求。

（三）正确对待抽签结果

无论抽到的号码是否如愿，都应以一颗平常心对待，既不能沾沾自喜，更不能怨天尤人。应当平静地坐在候考室等待，顺便整理一下自己的思绪。快轮到自己时，可以在心里梳理一下面试过程，坚定信心，以最好的精神状态投入面试。

（四）保持良好的形象与仪态

在工作人员引领下，到达考场，保持良好的形象与仪态，给考官一个美好的第一印象。从容地向考官问候，如“尊敬的各位考官，上（下）午好，我是××号应试者”。向各位考官问候时最好能和考官有目光交流，考官示意坐下后，要记得说“谢谢”。听完考官导入语后，最好再说一次“谢谢”。每次答完一道题都必须说“答题完毕”。

面试结束时，要注意将面试桌上你使用过的物品整理一下，然后不慌不忙地慢慢离座，最后别忘了再次向考官点头或鞠躬致意。走出考场时最好能将门轻轻带上。

第六章　面试答题方法与技巧

第一节　正确掌握答题方法

一、确切把握面试应答要领

对于应试者来说，结构化面试的试题难度并不高，在充分的时间里，大部分的人都能把问题理解得八九不离十，所持的观点、要点不会有过大的差别。在这个时候，你和你的竞争对手要比的就是：说话的技巧。你要做的是：最大限度把自己的背景、意愿、见解、方案清楚地表述给考官，让他们准确把握你的意图。只有考官毫不费力地知道了你要说的是什么，并且记住了你说的内容，才会对你有好感，你才能够拿到高分。

怎样才能做到呢？方法有很多。在这里，分享一个最便于掌握也最有效的方法：回答问题的时候，要始终用演绎法，不要用归纳法。演绎法就是先阐述中心意思，然后再展开论述；归纳法则恰恰相反，是通过论述最终推论出中心意思。前者是从观点到论据，后者是从论据到观点。

【例题】你觉得自己是个什么样的人？

1. 用归纳法回答：

我毕业于一所综合性大学，通过学习掌握了一定的理论知识和专业技能，我担任过学生会干部，经常参加学校组织的社会实践活动，并加入了中国共产党，以上是我的求学经历。

我平常喜欢体育运动、读书、听音乐，这造就了我良好的文化修养和强健的体魄及广博的见识，这是我的兴趣爱好。

我正直、善良、有爱心、有亲和力，这是我的个性。

但我刚刚毕业，社会经验缺乏，在处理一些复杂问题时会考虑不周全，这是我目前明显的不足。

综上所述，我是一个拥有一定思想觉悟、品行端正、综合素质较好的大学毕业生。

2. 用演绎法回答：

我认为，我是一个拥有一定思想觉悟、品行端正、综合素质较好的大学毕业生。

我之所以这样评价自己，主要是基于以下几个方面：

首先，从求学经历来说，我毕业于一所综合性大学，通过学习掌握了一定的理论知识和专业，我担任过学生会干部，经常参加学校组织的社会实践活动，加入了中国共产党；其次，在学习之余，我有着广泛的兴趣爱好，喜欢体育运动、读书、听音乐，这些爱好造就了我良好的文化修养和强健的体魄，也增长了许多见识。

此外，我有着比较好的个性：正直、善良、有爱心、有亲和力。俗话说，金无足赤，人无完人。在我身上也存在着一些缺点，主要是刚刚大学毕业，社会经验欠缺，我在处理一些复杂问题时会考虑不周全。

以上就是我对自己的认识。

上述两种表述方式，从内容上来说，几乎没有差别，大家仔细品味一下，如果真的是在面试考场上，哪种表述方式更好、听起来更明白呢？显然第二种演绎法的表达方式，听起来感觉更好些。

一方面，提纲挈领，开门见山地把自己整个思路以及每个要点的中心句摆在最前面，让考官能够清楚地知道你准备怎么回答，要点是什么，这样考官就能够提前把握你的中心意思，更有目的、更有针对性地去听你下面所展开的论述。千万不要论述了半天之后，才说“所以，我的观点是……”“以上我说的是……”。面试和笔试的测评方式不同，面对一张试卷，改卷人能够直观地看到你全部的表述内容，可以在你的论述中逐一寻找要点给出相应得分。但是，面试考官不可能把你的全部论述都清晰地记录下来，然后再总结你的答题思路、要点。如果需要一直精神高度集中，考官就会觉得吃力。另一方面，便于应试者提示自己围绕要点展开论述，而不至于跑题。经验证明，有相当一部分人在答题时，往往会高估自己的逻辑思维能力以及心理素质。经常会出现这样的情况：答题时，头几句还知道自己要表达的中心意思是什么，但是答到后来，由于逻辑思维能力的欠缺和临场的紧张，就开始东拉西扯，不知所云了，最后不知道自己要答什么了，只有想到哪儿说到哪儿。如果一开始就明确中心意思，然后围绕这个中心展开，就不容易说跑题了。

应试者回答结构化面试题时，应注意从以下几个方面把握应答要领。

1. 关于特长、个人爱好类考题。回答此类题目时一定要实事求是，切忌自吹自擂。语气要委婉谦虚，一般在回答前应平和地说“其实这也算不上什么特长，只是稍微知道一些……”，然后用最简短的语言来突出自己的特长，尽量以实例来说明问题。

2. 关于个性特征类考题。回答此类题目要尽量表现出一个人在现实生活中的气质风度、情绪稳定性、责任心、自信心、成就动机与自我认知。了解岗位的特定要求，有助于应试者在面试中脱颖而出。党政机关和事业单位的岗位一般要求工作人员具备：为祖国人民勇于自我牺牲和无私奉献的精神；以人为本、乐于服务的意识；与时俱进、开拓创新的能力等。

3. 关于实践经验、个人优势类考题。报考公务员和事业单位的应试者，大多数是毕业不久的大学生，有的有几年社会经历，也许有一点工作经验。在谈到自己的实践经验时，既不能口气太大，过于夸张，也不能牵强附和，弄虚作假。在介绍自己某个方面经历时，可以加进一些个人体会方面的东西，如“服从大局”“要虚心向别人学习”“与同事团结互助”“我所取得的一点点成绩，是与别人的合作分不开的”等，这样回答会给考官留下一个谦虚、坦诚，同时又有社会经验的印象，从而提高被录取的可能性。

二、努力提升语言表达能力

语言表达，是考官衡量应试者的一个最基本的依据。可以这么说，应试者的基本素质，都是通过语言表达来展示的。所以，应试者在进入面试时，一定不要忽视语言表达能力的培养和训练。

（一）语言表达能力的重要性

语言表达不仅是一种重要的智力技能，也是从事富有创造性的文学艺术、科学研究和宣传教育等工作所必须具备的基本条件。公务员具有较强的语言表达能力，是准确、高效地履行公务，确保政令畅通的需要，是提高干部素质，提升国家机关工作水平的需要。

（二）对语言表达内容方面的要求

1. 准确性和逻辑性。答题的内容必须是正确的，其使用的言语也应该是规范、准确的，决不能出现逻辑混乱和病句连连的情况。同时遣词造句要合乎语法，说明事理要清楚明白，具有逻辑性和条理性。

2. 思想性和情感性。答题时的语言要具有较为深刻精辟的思想，要饱含真挚的情感，具有令人折服的说服力和动人心弦的魅力。

（三）语言表达的技巧

1. 流畅性。应试者在答题的时候，讲话要流利通顺，既不能断断续续、停顿太久或啰唆重复，也不能连珠炮般的一口气说到底，让面试考官听不清楚，难以留下清晰的印象。

2. 自控性。应试者应当具有言语的自控能力。这就要求应试者善于以适当的音调、语气来恰当地表达不同的思想感情。

3. 文明性。应试者应该是谈吐文雅的。无论回答哪一类的问题，都要把自己对于问题的真实理解，通过平等、尊重、友善的语气和亲切、有礼、美好的话语传达给考官，使双方的思想感情沟通交融、和谐亲近。

【案例】某公司面试考官对应试者提问“您准备什么时候开始工作？”大部分应试者都答一些具体时间，而应试者甲却回答说：“现在，现在就可以。我的盒饭都买好了。”结果应试者甲立刻就被录用了。

可见一些一般的、平常的词语在特定场合下可能具有特定意义上的内涵或延伸。在回答时若能心领神会，切中要害，定能收到意想不到的效果。上面甲正是进行合理的发挥，避实就虚，不但直接地回答了提问，而且也表现出自己的敬业精神和时间观念，因而成功地打动了考官。

【例题 1】你了解我们单位吗？

【答题思路】假如只说“了解”，了解能有多深？若被问及“都了解哪些，有什么特点”时回答不上或不完整，岂不难堪？假如说“不了解”，无疑是自己跟自己过不去，到不了解的单位面试只能说明你的轻率和对该单位的不尊重，又怎能通过面试呢？对此可以说：“就我所知而言，对贵单位感情最深。我深信：通过接触，了解会更深。”

【例题 2】你看中我单位什么？

【答题思路】提问者主要让你谈报酬与前途发展两个方面，假若你过分强调福利、住房等无疑是让对方认为你胸无远见、难成大器；若不提及，又显得你不是以真诚的态度来谈论。对此可以说：“贵单位为我的生活和更深层的职业生涯发展提供了所需要的物质条件和机遇，这无疑是最重要的。”

【例题 3】我们的机关人员很多，基层人员不足，你愿意到基层吗？

【答题思路】假若你说“愿意”，而不强调自己一定要向高层次发展，对方会觉得你会碌碌无为或过于急迫，即使在一线，没有上进心也不能很好地完成工作。假若你说“不愿意”，无疑面试很难进行下去。对此可以说：“发展有难度并不等于不可能，我将尽最大努力去争取最适合我同时对单位也最有益的工作，相信我一定能做好。”

【例题 4】您大学英语六级过了没有？

【答题思路】假如没过，可以婉转地告诉他们你曾上过韩、日语等学习班。大三、大四的专业英语完全能胜任公司的工作要求。

还有一些如“你在大学得到最重要的东西是什么？”“如果专业不对口，你怎么办？”等问题，可细细思考，寻找恰当的表达方式及内容。当然，无论是怎样的语言，只有发自内心，来自真诚的情感，才能打动用人单位。

三、准确使用非有声语言

在人际交往中，我们同时使用有声语言、副语言、体态语言三种手段进行着交流。社会心理学家认为，人们在交际过程中，35%的信息通过有声语言传递，65%的信息由非有声语言即副语言、体态语言来传递。

语言在人际沟通中起着方向性与规定性的作用，而与有声语言相结合的副语言、体态语言则传达着比语言丰富得多的内涵，可以准确反映交谈者的思想和情感（有时甚至是语言难以表达的东西），并起到了支持、修饰语言行为的作用。

在面试中非有声语言也同样起着重要的作用，它可以作为有声语言的补充，起到辅助表达、增强力量、加强语气的作用，可以全面反映应试者的人际沟通能力，并可以促进情感交流。非有声交流的得体使用，是应试者面试成功的重要手段与技巧。

非有声交流主要是依靠副语言。副语言在面试中的使用，包括嗓音、声调、节奏与语速、重音等。它有助于表达一个人的情绪状态和态度，并影响考官对应试者的评价。副语言作为应试者内在气质和思想的外在表现，将不知不觉"泄露"其思想修养、思维能力、心理状态以及人格特点。

一般来说面试中应试者应注意：

音调适中，不可过高或过低；声音浑厚，但不混浊；有节奏感，不单调。这样的声音会给主考人员留下精明能干，心理素质好的印象，为面试成功铺平道路。

应试者同时应该避免：

音调过高，给人以不成熟和情绪冲动的印象；尾音过长，声音太弱，给人以不肯定的感觉；语速过快，让人难以深入理解，降低考官对应试者的重视程度；发出呼吸声，给人不稳重的感觉；粗声粗气或另一个极端：尖锐刺耳，会给人以粗俗之感；语调末尾上升，表明了应试者的信心不足；声音颤动（有时因呼吸不规律造成），让考官误认为你紧张或羞怯；语速过于缓慢，让你显得毫无生机和精神压抑；语调呆板，声音沙哑，将减弱应试者的说服力；用鼻音说话，会让考官觉得你傲慢、冷漠、缺乏诚意。

第二节　成功面试策略

在整个应聘过程中，面试无疑是最具有决定性意义的一环，事关成败。同时，面试也是求职者全面展示自身素质、能力、品质的最好时机，面试发挥出色，可以弥补先前笔试或是其他条件如学历、专业上的一些不足。在应聘的几个环节中，面试也是难度最大的一环。在面试环节逆袭的情况时有发生，甚至面试入围的最后一名应试者，会由于在面试中表现突出，成功逆袭为总成绩第一名。成功面试的主要特点是：综合分析能抓住实质、分析透彻、创新合理，计划协调全面、资源调配合理、实施有力；

人际关系沟通积极有效、方法灵活、协作意识强；语言表达流畅、清晰、富有感染力；仪表端正、精神饱满，举止文雅得体。

一、成功面试应把握的原则

（一）化被动为主动

从形式上看，面试是用人单位对应试者的挑选。通常是由考官主导面试进程和结局，考官的态度、评价，决定着对应试者的取舍。而应试者则是处于被召唤、被支配、被挑选的地位，似乎没有多少主动权可言。其实，如果应试者换一个角度看问题，把面试当成推销自己，展示才华的过程和机会，把面试现场当成表现自己的舞台，那么应试者就可以在一定程度上获得面试的主动权，其主观能动性就会得到充分的发挥，表现出很大的预见性、主动性和创造性。比如，以积极姿态有目的地进行大量卓有成效的准备工作，包括了解和研究用人单位需求状况、专业特点、考官心理、应答对策；在应试过程中，表现得胸有成竹，精神饱满，热情亢奋，思维机器全面开动，知识积淀不断被唤醒，应对自如，左右逢源，实现正常甚至超常发挥。把自己的优势强项与对方的需求有效地对接起来，将会赢得考官的好感，最终成为面试的优胜者。

（二）外在形象与内在素质并重

面试的目的在于全面考察应试者的素质，重点通常放在内在素质方面。但是，从实际情况看，主考人员对应试者的直观印象是十分关键的。应试者以什么样的形象亮相往往会带来不同的效果。一般说来，外在形象能折射出一个人的内在素质、气质和修养水平等，并易于形成“首因效应”。良好的第一印象，往往讨人喜欢，进而产生亲和力，这样就在潜意识中对考官的态度和评价产生了微妙的影响。因此，应试者应坚持外在形象与内在素质并重的原则，在着力表现内在实力的同时，注重自己的衣着打扮、行为举止和态度表情，向考官展示自己良好的修养和形象，做到自信而不自傲，自然而不放肆，展示而不卖弄，重礼节、礼貌而不拘谨卑微。这样，讨人喜欢的外在表现就成为内在素质的一种烘托、说明和强化，从而大大加深考官的良好印象。

（三）心理与才学互动

一般来说，应试者走进面试现场面对考官时，心理压力会大大增加。如果不善于进行心理调节，就会出现心理失控，影响正常应对发挥。我们常常看到，有的应试者很有才学，但他们的心理素质太差，一走进严肃的面试现场就紧张颤抖，恐惧害怕，不能自已。特别是涉世不深的青年学生，没有见过这样的阵式，往往乱了阵脚。实际上，心理与才学是一种互动关系。应试者应把自己的心理素质与才学表现协调好，做到以才学稳定心理，以心理支撑才学表现，使两者相辅相成，相得益彰。为此，在面试前既要注意才学准备，又要注意自身心理训练和面试心理准备。在考试中，特别是入场后的前 3 分钟，要采取措施，进行积极心理调节，稳定情绪，引导自己进入最佳竞技状态。这样，在强大的积极心理支持下，才会有出色的表现。

（四）真诚与口才相统一

应试者不但应在专业上用劲，还应注意追求口才上的功夫，比如在面试中常用到的演讲、对话等表达方式，要多加练习。面试前，在对有关内容进行预测、材料准备和策略谋划的基础上，还要精心地进行语言表达技巧设计和试讲，看哪些内容宜直接回答，哪些宜委婉回答；先说什么，后说什么；追求哪一种表达风格等。有时候，同样一句话，这样说还是那样说，效果大不相同。在面试过程中，还要把眼耳脑口都调动起来，最大限度地把思想内容表达出来，努力追求出奇新巧、反应敏捷，不断闪现出灼人的思想火花。面试口才的最高境界是要善于表达真诚，谈吐要真实得体。真诚的东西才是最有说服力的。面试应答一定要说实话，把真诚表达出来，让人信服。面试应答不是演戏，不是比赛，考官考察的是应试者的真实观点、看法和水平。所以，应答必须发自内心，实话实说。在这里，口才只是一种表达手段，绝不是目的。我们应善于把个人的真实思想感情，通过卓越的口才表达出来，说得有力度、有重点、有逻辑，思路清晰，动情感人，形成共鸣。

二、充分做好面试前准备

（一）准确把握面试程序，做到心中有数

面试程序对每个应试者都是一样的。在面试过程中通常会提前向应试者发放面试须知，考官也会在面试前说明具体要求，如题量、总答题时间、计时方式等。有一些应试者可能由于缺乏面试经验或临场过于紧张等原因，未能正确把握面试程序尤其是时间节奏，答题用时安排不够科学，出现了在个别问题上费时过多，而未能充分回答其他问题的情况。因此，应试者在面试前务必要了解好面试程序，把握好答题时间，

给每道题大致相同的回答时间，在面试过程中要根据时间提示，调整好答题内容，确保每道题回答的分量和深度。

（二）讲究答题技巧，避免纰漏

应试者在答题过程中应避免以下两种情况：一是不注意题目的具体指向，答题时“天马行空”，答非所问，一看题目似曾相识，就按自己的意思说下去，表面上似乎有所关联，实际上差之毫厘，谬以千里；二是只答“是什么”，不答“怎么办”。一些应试者只谈对问题的认识和分析，却不阐明解决问题的措施和办法。应试者答题时，要按照具体问题指向答题，在对问题作深入分析的基础上，结合实际，有针对性地提出解决问题的具体措施和办法，充分展现自己的才能。

（三）加强锻炼，提高能力

应试者要想取得优异成绩，最根本的还是要加强学习和实践锻炼，努力使自己具备岗位要求的政策理论水平和实际工作能力。随着考试测评技术的不断发展和考试测评制度的不断完善，投机取巧的“考试专业户”将越来越没有生存空间，“高分低能”现象将逐渐减少，只有具备真才实能、符合岗位要求的应试者，才能在面试中脱颖而出。因此，应试者要加强学习，熟悉有关方针政策和法律法规，思考解决实际问题的措施和办法，积累实践经验，努力提高自身综合能力和素质。这样，在面试中才能充满自信地回答考官所提出的任何问题。

三、发挥优势展现自我特质

（一）充分展示自己的综合素质

1. 充分展示自己包括政治思想觉悟水平在内的较高素质。很多应试者只强调自己的能力，而忽视了政治思想素质。有必要让考官了解到自己热爱祖国、热爱人民的深厚感情，以及强烈的事业心、责任感和奉献精神。

2. 表现出自己良好的个性特点。在面试中，需要重点突出稳定、独立、责任感、诚实等个性成分。你不必直接告诉考官你具有这些个性成分，而是需要实事求是地用自己在考场上的言行去证实这一点。有些应试者美化自己的个人简历，甚至编造一些个人经历，这样关于诚实品质的标榜就可能会不攻自破。有的应试者与考场外的面试工作人员发生争执，或者对考官报怨工作人员服务态度不够热情，这时不稳定的情绪就会暴露无遗。

3. 自我表现需要有不同的策略。因人而异原则在面试中体现在应试者依据自己的情况制定不同的策略，突出表现的素质、采用的面试技巧等都可以有所不同。应试者的自身情况是千差万别的，即使不同的应试者采用同一种形象定位或采用同样的面试技巧，效果也一定不会相同。举个简单的例子：我们建议应试者昂首阔步地走入面试考场以表现出自信心和活力。但如果一位身高 1.85 米的应试者也这样做，就会让考官感觉其趾高气扬，心中暗生抵触之意。心理学研究表明，在初次交往时，人们对身材高大的交际对象心理接受程度偏低。这位应试者如果走入考场后，略弯一下腰，稍微低头，会让考官感觉到亲和、诚恳、谦逊，这样对进一步的交流是有益的。

（二）达到外在服饰与内在气质的统一

有些应试者经济条件好，能够买得起档次高、制作精细的名牌服装，并且通过长期的熏陶，积累了一定的经验和服饰品味，能够利用服饰充分展现自己的个性、情趣与审美。这样一来，在面试中完全能够做到用服饰表达自己。而另外一些应试者，受经济条件所限，没有能力购买档次高的服装，则不必在面试中强调“服饰语言”的表达。这些应试者应该做的是：穿上自己最合体的服装，尽量保持整洁、得体，或者完全可以换个思路，保持自然着装，把精力放在自己内在素质的表现上。人的风度不仅仅体现于仪表服饰，它是一个人全部生活姿态提供给他人的整体印象。只要具备较高的文化修养、广阔的知识面、健康的身体、积极开朗的性格，尽管着装简朴，仍能做到品位高雅，给人以美的愉悦。

（三）表现不同性别的特质之美

应试者的性别不同，自我表达的重点内容也应该不同。男性可以强调自己的魄力、坚强、奉献精神等，而女性如果也在这些方面强调自己，可能会令人难以接受。女性应把握好自己的角色，不要与男性在表面上争取绝对的平等，也不应该将自己与男性在刚毅、威武、严肃的形象上相比较。职业女性也是女性。女性在面试中适当地表现自己细腻、温和、耐心等性别角色的长处，将有助于展现女性风采。如果过于强调性别角色，化浓妆、佩戴过多首饰、说话嗲声嗲气等，也将会适得其反。

（四）充分利用专业优势

热门专业的应试者可以充分利用自己的专业优势，表现自己的专业素质与能力，以及在专业上的成绩。冷门专业的应试者困难要大一些：可供报考的职位不多，竞争较为激烈。这些应试者为了表现得与众不同，可以避开锋芒，适度表现自己专业成绩的同时，要着重表现自己的组织协调能力、经营管理能力以及良好的心理素质与道德素养等，用自己的整体实力作为闪光点。

（五）发挥学历优势或工作经历特长

具有较高学历或丰富工作经验的应试者，或相同学历下成绩优秀的应试者可以借此发挥。对于低学历或工作经验不足者应强调自己的现在和未来，将考官从对个人简历和经历的关注中拉出来，引导他们注意此时在现场的你。通过表现出文字材料不能反映出的特点，来加深你在考官心中的良好印象。

四、熟悉面试礼仪注重礼貌

公务员考录和事业单位公开招聘工作人员面试中，仪容举止是一个重要的测试要素。这种测试从你进门时就开始了，在进入面试室前，你就必须以岗位要求的形象出现。公务员考录和事业单位公开招聘面试现场有引导员导引，应试者不需要敲门，也不需要报考号，更不能报姓名，站立在座椅旁向考官打招呼，得到主考官示意坐下时，说声谢谢，然后落座。企业招聘采用灵活性面试，应试者参加灵活性面试则需按照下列要求完成每一个细节。

（一）进门

进入面试室之前，应轻叩房门，得到主考官的应允后才可进入。走进房间后，背对考官，将房门关上。如果门上是碰锁，最好先旋起锁舌，关上门后，再放开，以减轻关门声对他人的干扰。然后，缓慢转身面对考官。

这时，你可以很自然地环视一下整个房间，确定面试考场的基本布局（包括自己的座椅位置）。然后，面带微笑，用目光逐一向各位面试考官致意，这就充分表现了你的修养、稳重、信心和力量。请注意，保持自然的、热情的微笑很重要，微笑不仅说明你是放松的，而且在表现风采的同时，已经开始在你和面试考官之间进行积极的情感交流了。

（二）步入考场

优美的步态有一种轻快自然、从容不迫的动态美。你要迈着优美、稳健的步子走向面试考官，显出朝气蓬勃、矫健有力，抬头挺胸，两臂自然摆动。你的目光与考官的视线保持接触，不要看着天花板或盯着自己的脚尖，步伐可以比平时加快四分之一。

不要小看这些关于步态的建议，一个垂着肩、驼着背的应试者，会给人悲观消极的印象。缓慢的步伐会表明应试者对自己、面试以及面试考官的消极、不愉快态度。聪明的面试者会用略快的步伐向面试考官声明：我要去做非常重要的事情——面试，并且我的面试会获得成功。除此之外，良好的步态会增强应试者的信心，挺胸、抬头、加快步伐，你会发现信心倍增。走路时比较忌讳的是：摇头晃脑、东瞅西望、左右摇摆。

一般面试考场放置有应试者坐的椅子，你径直走到椅子旁站立即可。面试考场的设置是有一定规范和科学依据的，请务必遵守。

（三）与考官打招呼

当你停住脚步站稳后，要向面试考官打招呼。站立时，身体要正对面试考官，挺胸抬头，直背舒肩，目光平视，面带微笑，表现出充分的自信和对面试的积极关注。

当面试主考官介绍考评组成员时，如果考官主动伸出手，你要毫不迟疑地走上前去，报以坚定而温和的握手。但如果考官不主动握手，应试者最好不要伸手向前，主动和对方握手，这么做不符合礼仪，也可能由于考官没有思想准备而造成冷场。

一般来说，有工作人员将应试者引入考场后，会主动向考官引见应试者。如果没有引见，应试者应注意不要故作聪明，盯着主考官的胸卡径直称呼，也不要泛泛地称呼，更不能随意猜测对方的身份而乱称呼，这些做法将会让自己很被动。

面试时对考官的称呼语最好是叫出对方的姓加头衔或职位，并致以问候，如："王局长，您好！"最好不要使用日常生活中的称呼，如小姐、先生，阿姨、叔叔、师傅、考官等。不要称呼面试考官为"同志"，尽管这是正式场合的称呼，但不符合面试双方的身份。称呼考官时应声音洪亮，面带微笑，并保持目光的注视，这样会让对方感觉到你发自内心、诚挚、热情的问候。如果你称呼某位考官时，眼神却瞟向其他地方，那么尽管可能是无意的，你的漫不经心也会让对方感到受到不尊重。

当面试主考官逐一介绍考官时，如果你没听清楚，千万别迟疑，请马上补充："对不起，我没听清您该怎样称呼！"不要以为请主考官重复介绍姓名会令自己难堪，要知道名字作为受每一个人珍视的"身份"标志，如果你给予细微的关注，会让对方对你产生好感。特别要注意的是，每次称呼考官，都请使用正式称呼而不直接使用代词。这将潜移默化地疏通你与考官之间的情感，让考官下意识地对你产生亲近的心理。应试者还可以用比考官实际身份更有地位的称呼来给对方“戴高帽子”，如将李副处长称为“李处长”以抬高其身份。这种称呼方法，在你希望从考官身上得到积极评价和响应时，显得尤其重要。但要注意恰到好处，否则会让考官因为不自在而生厌。

（四）握手

面试中，握手可以发生在面试考官与应试者互相认识时的寒暄，也可以发生在面试结束时应试者向考官致谢、道别，以及考官对应试者祝贺时。

正确的握手方法如下：

走上前去，距离考官约一步远，上身稍向前倾，两足立正，伸出右手，右臂与身体略呈 50°~60°。手掌心应微微向上，四指并拢，拇指张开，与考官的手合在一起，大拇指再夹住对方的手背，形成握手姿势。应试者握手时最好再加上左手，握住对方的右手手背，两手呈紧握之状，并上下轻摇，不过这种握手方式不要对女士尤其是年轻的女考官使用。握手的力气要适当，时间一般以 3 秒为宜。握手时，应该面带微笑，双目注视对方，上身略微前倾，头部略低一下，以示恭敬。

握手是整个面试过程中，应试者和考官唯一一次身体接触的机会，也是空间距离最近的机会，如果利用得好，将会产生意想不到的益处。

握手应注意的几点：

1. 握手就是握手，不要拉关节。

2. 湿答答的手会让考官拒你于 3 尺之外。

3. 只要真诚地握手，每一双手都能表达诚意。

4. 切忌握手后立刻擦手。

如果是面试前握手，握完手后请马上返回原来位置，不要等到考官请你退回，你再照此去做。这时面试考官会请你坐下，请不要扭扭捏捏，再三推辞，说声“谢谢”坐下就可以了。若考官没有示意坐下，切勿自行坐下，你可以礼貌地征求面试考官的同意后再坐下。

（五）入座

1. 动作要轻盈和缓。从容不迫，不要像挤公共汽车抢座位那样慌张，也不要双腿一软，径直跌坐在位子上。

2. 小心坐好，并保持得体的坐姿。坐姿不仅要符合体态美的礼节，而且要与你的表情、语言协调一致，也要与面试情境相符。

从你入座之后，面试就正式开始了，考官这时将全神贯注地注意你，捕捉你的一举一动，一言一行，所以务必坐好，不要随心所欲。好的坐姿：落座后，不要坐得太满，尤其是软椅或沙发，坐到椅面的一半到三分之二就可了。两脚平稳着地，平行放好。男性两膝之间可空出一个拳头左右的位置，而女士两膝应并拢，一起摆向一边或小腿交叉，但不要向前伸直。端正、大方、自然的坐姿既显得精神十足，又表现了对主考人员的尊重。

3. 避免小动作。应试者坐得再端正，如果不停地晃腿、跺脚、搓手，或者伸懒腰、打哈欠都是对考官极大的不尊重，会让他们反感。另外，随身带的公文包或文件夹等可平放于膝盖上或桌子上，但双手不要拍打、把玩。

五、展现魅力传递良好印象

应试者言行举止的每一个细节都是面试的测评项目，而不是仅仅限于一问一答的内容。

（一）第一印象

1. 第一印象的重要性。第一印象是指在与陌生人初次交往时留下的印象，这种印象会在进一步的交往中给对方的认识评价产生很大的影响，容易产生“先入为主”的认知偏差。人际交往中初次接触的前期，我们会对交往对象作出许多方面的判断，这些判断综合形成对该人的印象。心理学家强调指出，在形成印象中最重要、最强有力的一个方面就是对该人进行“评估”，即：我们喜不喜欢这个人？喜欢不喜欢的程度有多深？也就是说，在我们对交往对象产生第一印象时，会做出某种情绪性的评价，在进一步交往中，这种评价会影响我们对交往对象的各种判断，进而发生质的改变。一旦你给考官留下良好印象或不良印象，这种印象就会延续到继续进行的面试上。

2. 第一印象的形成要素。研究发现，对形成第一印象较重要的特质有：相貌服饰，神情态度、言谈举止、气质修养等。优雅的风度不是天生的，也不是造作的，而是通过内在气质和内心情感表现出来的。得体的礼貌举止、开朗热情的态度、自然大方的言行都会给考官留下好的第一印象。尽管人际交往中印象的形成还和其他要素有关，但一个有礼貌、热情真诚、谈吐得体的应试者一般会给考官留下好印象。

3. 如何给考官以好的第一印象。面试时，第一印象的形成一般只需 10 秒钟。在最初的 10 秒钟，应试者会用眼睛、面孔、身体和态度来表露出真实的自我，这往往是无意的。有经验的考官会很注重从这 10 秒钟捕捉关于应试者的真实自然的信息，如果应试者能有效地利用这 10 秒钟，将会为面试的继续进行带来好的影响。我们一方面学习一些技巧，尽力争取一个好的第一印象，另一方面要调整自己的感觉，自然放松地自我表现。这两方面相辅相成，才能给考官最好的第一印象。

（二）面部表情

应试者在面试中，应注意纠正有碍于交流的面部不良表情，塑造具有感染力的交际面庞，赢得考官的认可。

恰当的面部表情，是建立于应试者乐观、豁达、自信的思想境界和高尚的道德情操上的，但通过掌握一些技巧，有意识地加强气质的锻炼，增强心理调控能力，是能够用恰当的面部表情语言灵活自如地“说话”的。

研究表明，表情语言的交流中，嘴部与眉毛的神态含有大量信息。应试者明白这一点就会了解：原来只要我们表露出恰当的嘴部与眉毛神态就可以了——这就是微笑的秘密。

应试者在快乐的时候会自动、轻松地微笑，但在考场上除了与自己内心情绪相一致的真实微笑之外，还应积极地控制自己的面部表情，用得体的“微笑”向考官表达自己的热情、积极、友善和尊重。得体的“微笑”是指可能与自己情绪不一致的笑容，这种对自身交际形象的控制，同样是一种涵养和素质，不应认为是虚伪。这种得体的“微笑”让人看起来是真实可信的，不应是皮笑肉不笑的做作。

（三）体态语言

1. 体态语言在面试中具有重要的作用和意义。体态语言可以伴随语言对其内容做形象的说明。体态语言还可以表明应试者的态度，如倾听考官说话时微微欠身以表示谦恭有礼；用耸肩表示不知道或无可奈何；用点头表示自己的注意倾听等。当情绪变化时，体态语言还可能发挥“转移”的作用维持情绪的稳定，如紧张时不停地用手往上推滑下的眼镜架；说漏嘴时赶紧用手掩嘴；有时还可能在说错话而考官未发觉时长吁一口气，暗自庆幸。这些体态语言，都应尽量避免。

2. 正确地运用体态语言。首先，使用体态语言要与本人的身份角色相符。考场上可以使用的体态语言可以充分使用，不合适的体态语言应避免使用，如做抱手礼表示谢意，这种生活中的体态语言不应该出现在考场上。其次，体态语言的使用要把握好度。大幅度的手势，太夸张的姿势，频繁地点头，会给人造成不稳重的印象。再次，体态语言的运用要结合具体情况，要符合自己的个性气质。如刚健、热情、活泼的应试者，可以使用幅度大的手势，数量上也可稍多一些；而内向、文静的应试者就可以表现自己动作轻巧、身姿优雅，手势语言则用一些象征性的就够了。手势语言少而精、动作舒展，就应该是那些沉稳平实的应试者进行体态表达的要点。最后，体态语言的使用应该自然大方。生硬的体态语言如果与语言内容不一致甚至冲突，最好不用。

（四）目光交流

应试者与考官的目光沟通，除了一些非言语信息的交流外，更表达了应试者对考官的尊重以及对其谈话内容的关注。为什么目光在交流中可以起到这么多作用呢？因为在人际交流中人们喜欢谁就会多看谁，交际中多看对方的人会容易被对方接受。善于使用目光交流会在很大程度上帮助应试者去争取面试成功的机会。

六、善始善终呈现个人修养

对于面试者最后给自己留下的印象，考官的记忆往往是深刻而持久的，因此面试者要努力在最后阶段把握时机，尽量给考官留下至关重要的美好印象。面试过程中，面试者通过各种各样的方式向考官传递了大量信息，但大部分信息可能并不会引起考官的注意，因而也就不会给考官留下深刻印象。据有关研究表明，能给考官留下深刻印象的往往是第一印象（首因效应）和最后的整体感觉（近因效应）。

（一）善始善终，一以贯之

无论面试情况如何应试者的表现都要始终如一。有的应试者准备得不充分，面试时临场发挥欠佳，或者感觉考官对自己的表述没有兴趣，与考官话不投机，这时虽然考官没有明确表态，但应试者心里已经开始认为自己没戏了，也就放弃了进一步展示自我，从而表现随意起来。例如有的应试者在面试结束时，认为反正也没戏了，怎样都行，冷淡地向考官道别，或者没有礼貌扭头就走。其实应试者很难估计面试的结果，并不了解其他竞争对手的情况，因此应试者是没有理由主动放弃的，只要有一点可能性，都要争取。有的时候，即使考官已经委婉地拒绝了你，你也应该表现得冷静，要大方地、不卑不亢地离开，给考官留下一个明事理的印象，也许此时你的冷静和最后的努力会让对方改变主意。

（二）配合考官自然结束面试

有经验的考官十分重视面试结束阶段的自然和流畅，避免给应试者留下某种疑惑、突然的感觉，同时给应试者留下最后的提问机会或重申、强调某些信息的机会。此时面试者应注意察言观色，判断时机，抓住机会，向考官传达一些重要的有利的信息，既要尽力表现自己，又要适可而止。面试者要全力配合考官，使面试在自然、轻松愉快的气氛中结束。

（三）礼貌地向考官告别

尊重和谦逊是一种风度，在面试时要表现出这种风度。尊重别人的劳动，平等待人，是一种有良好修养的表现。需要指出的是，应试者面试结束后不要表现出急欲离去的样子，一定要让考官提出结束面试。面试者也不要自作聪明主动提出结束面试，不要给考官任何暗示和提醒，不要在考官结束面谈之前表现出烦躁不安，如整理所携带的物品、头发、衣饰等。当考官暗示或明示可以结束面试时，面试者要礼貌地与考官告辞，一般要面带微笑，并说一些感谢的话。

如果在你进入面试室之前，有秘书或工作人员接待过你，在离去时你应对他们的服务表示感谢。你向工作人员表示感谢，肯定会引起他们的好感，更为重要的是，这种尊重、谦逊的作风将赢得大家的好感，给考官留下良好的印象。

（四）不要追问面试结果

由于企业灵活性面试并非当场亮分，考官在面试结束时，还不能确定应试者是否通过了这一关。考官们需要相互沟通一下对应试者的印象，并将每位考官的评定用科学的方法综合起来，之后还要权衡录取名额的限制以及应试者的整体情况。做完这些工作之后，面试考官才会对应试者做出取舍。即便过了面试这一关，仍然有对应试者包括报名资格审查在内的全面考核，因此在面试结束时询问自己能否被录用等问题，是毫无意义的。即便应试者只是询问面试成绩，考官也还没最后确定，因此难以明确答复。反复追问面试成绩，容易造成考官情绪上的抵触与反感，反倒弄巧成拙。

（五）避免不应有的行为

有的应试者一边向考官致谢并道别，一边整理自己的个人材料、衣着等，这是极不礼貌的，尽管你可能是无意识的。道别本身就是一件应该认真完成的事情，当你把道别和其他事情合并进行时，会给别人留下慌乱的不良印象。

有的应试者怕耽误考官的时间，于是匆忙收拾东西，一些文件材料抓在手里，夹着公文包和外衣慌张地离去，过一会儿又返回询问自己是否丢下什么东西，显得很冒失。有的应试者从座位上站起来，一不注意，放在膝上的文件材料撒了一地，有的应试者向考官道别后，就认为面试结束了，悠然地向外走去，嘴里还哼着流行歌曲。面试在形式上的结束，不等于实质上的结束，至少在考官视野范围内应试者仍要注意自己的言行举止。有的应试者道别时和考官东拉西扯，就是不走出去。有的应试者走上前去和考官道别，却偷瞄考官的面试记录，更有甚者，凑到跟前要求翻看面试记录。

以上列举的都是面试收尾时不应有的行为，应试者如果不小心留意，就很有可能功亏一篑。因此面试完成后应试者应整理好随身物品，收拾整齐，放入包里。为了节省考官的时间，可以不在考场里穿外套，戴围巾等，但一定要整齐地搭在手臂上，然后从容退出。

第三节　常见面试类型答题技巧

一、结构化面试的答题技巧

在结构化面试中，题型的分类一般应当根据用人单位的性质，招聘岗位、招聘对象的实际情况来确定，但通常主要有五类，分别是自我认知与职位匹配类、人际沟通类、组织管理类、应急应变类和综合分析类。

（一）自我认知与职位匹配类

这类题目主要是要求应试者在面试中清晰地认识自己，让考官对应试者了解更加全面，以确定其是否符合岗位的基本要求，是否胜任该岗位。自我认知与职位匹配类一般有 3 种提问方式：

1. 直接提问。比如，“请说下你的优缺点。”“你为什么要报这个岗位?”等。对于这种问题的回答，应试者应注意回答的内容要与岗位要求相匹配。应试者应重点挖掘自己的优点，强调自己的优点、特点是胜任这一岗位的。

2. 间接提问。比如，“请问你最喜欢的书籍是什么?”等。回答的技巧与直接提问类似，回答的内容要注意匹配岗位的需求。

3. 压力型提问。比如，“你的专业可能和我们的要求有一些距离，你认为呢?”等。这类提问主要是通过施压来考察应试者的应变能力。应试者在回答的时候不要慌张，首先要承认自己还存在差距，然后尽量说明自己在这一岗位上具备的优势。

（二）人际沟通类

人际沟通类题目，主要考察的是应试者处理人际关系的能力。回答的大方向是多在自身找原因，不将问题推卸给别人。考察的人际关系一般包括以下5种：

1. 与上级的关系。要服从领导，尊重领导的权威。

2. 与同事的关系。热心帮助同事，遇到矛盾要从大局出发，多忍让，化解矛盾，不激化矛盾。

3. 与亲人的关系。尽力做到事业家庭两不误，坚持原则性与灵活性的统一。

4. 与朋友的关系。原则性是第一位的，对于交友要谨慎。

5. 与服务对象的关系。要热情有耐心，全心全意为群众服务。体现权为民所用，利为民所谋，情为民所系。

（三）组织管理类

组织管理类题目，主要考察的是应试者的组织管理能力。答题思路可以按照以下3个方向进行：

1. 要有始有终。根据事情发展的时间顺序和逻辑顺序，按照准备、组织、协调、控制、总结的步骤依次进行计划和安排。

2. 核心是安排协调。安排活动时，要确定活动的形式和流程，还要将各种活动要素考虑进去，其中，对人员的安排是第一重要的事。

3. 不可置身事外。在回答这种问题时，需要将自身放置在给定的场景中去考虑问题，不可置身事外。

（四）应急应变类

这类题较为灵活，主要考察应试者的应变能力和处理实际问题的能力。主要考察形式是给定特定情境下的突发情况和棘手问题，要求应试者迅速解决。应试者可以从以下 3 个方面答题：

1. 快速思考。自身不能慌乱，情绪要稳定，一边快速分析情况，一边思考对策，提出恰当的措施。

2. 置身于情境中。应试者要以题目设定的身份角度进行思考并回答问题，不可从自身角度答题。

3. 扩宽思路，多提对策。一个问题往往有多个解决办法，应试者应扩宽思路，从多个方面、多个角度提出解决问题的办法。

（五）综合分析类

综合分析类题目的难度是最大的，主要是考察应试者对社会现象的认识和看法，以此评判应试者的综合能力。解决此类问题可以从以下 3 个方面入手：

1. 知识点定位。判断题目中问题的性质以及与之相关的知识点。关于问题的性质，无非是积极类的、消极类的还是辩证类的。知识点的定位是指确定该问题属于政治、经济、文化、还是法律等具体类别。

2. 具体分析问题。对问题所产生的原因、影响，解决对策等进行发散性思维的分析。答题的时候注意逻辑顺序要清晰，否则会很杂乱，导致面试分数不高。

3. 解决问题。通过分析，提出解决问题的路径和办法。

二、无领导小组讨论面试的答题技巧

（一）注意自己的态度和语气

在面试中，考官对应试者最直接的印象就是风度、教养和见识。这三者要靠个人的长期修养才能得来，在面试中是通过发言的时机、内容、语气，何时停止发言，遭到反驳时的态度以及倾听他人谈话时的态度等表现出来的。

1. 有自己的观点和主见。即使与别人意见一致，也可以阐述自己的论据，补充别人发言的不足之处，而不要简单地附和，否则会使人感到没主见。对于与别人的不同意见，沉着应对，不要感情用事，怒形于色，言语措辞也不要带刺。保持冷静可以使头脑清晰，思维敏捷，更利于分析对方的观点，阐明自己的见解。要以理服人，尊重对方的意见，不能压制对方的发言，不要全面否定别人的观点，应该以探讨、交流的方式，在较为缓和的气氛中，充分表达自己的观点和见解。

2. 要注意语气。有的人自命清高，说起话来装腔作势，口若悬河，使别人没有时间反驳或发表见解。有的人认为自己能言善辩，为了引起众人的注意，“语不惊人死不休”，用夸张的语气谈话，甚至危言耸听，哗众取宠。有的人喋喋不休，为了压制别人而有意无意地伤害别人的感情。这些做法没有遵守交谈的基本礼仪，不但无法达到谈话的目的，反而给考官留下傲慢、自私、放肆的印象。

3. 要表示出诚意。当谈话者超过 3 个人时，应不时地同其他人都交谈几句，不要冷落了某些较为内向、发言不多的人。在讨论中不要与人耳语，这样虽然可以表示亲近，但会造成与其他应试者的隔阂。

（二）掌握说服别人的技巧

1. 发言积极主动。面试开始后，论辩中的各方都应争先亮出自己的观点，这不仅可以给考官留下较深的印象，而且还有可能引导和左右其他应试者的思想和见解，将他们的注意力吸引到自己的观点上来，从而争取成为小组中的主导角色。观点表述完以后，还应认真听取别人的意见和看法，以弥补自己发言的不足，从而使应答内容更趋完善。

2. 奠定良好的人际关系基础。通常情况下，对方在考虑是否接受你的观点时，会首先考虑你与他的熟悉程度和友善程度，关系越亲密，就越容易接受你的观点。若认为彼此是敌对的关系，出于自我保护其他应试者就会拒绝你的观点。

3. 把握说服对方的机会。应试者不要在对方情绪激动时力图使其改变观点。因为人在情绪激动时，感性多于理智，过于逼迫反而可能使其更加坚持原有的观点，作出过火的行为，造成难以改变的结果。

4. 言辞要真诚可信。在论辩过程中，要设身处地站在对方立场上考虑问题，善于理解对方的观点，从中找出彼此的共同点，引导对方接受自己的观点。在整个论辩过程中态度要诚恳，言辞真诚可信，要用深入的分析、充分的证据来说服对方。

5. 抓住问题的实质，言简意赅。语言的攻击力和威慑力，归根到底来自真理性和鲜明性。应试者反驳对方的观点不要恶语相加，敌视的态度不能达到有效反驳的目的。

从心理学角度看，敌视的态度会使人产生一种反抗心理，因而很难倾听别人的意见。

6. 多摆事实，多讲道理。各方论辩时要立场鲜明、态度严肃、语气坚定，这样可以使对方明确自己的观点，重视自己的意见。

7. 先肯定后转折，拒绝对方的提议。当对方提出一种观点，而你不赞成时，可先肯定对方的说法，再转折一下，最后予以否定。肯定是手段，转折、否定是目的。先予肯定，可以使对方在轻松的心理感受中，继续接收信息。尽管最终转折了，但这样柔和地叙述反对意见，对方较易接受。这样既可以使自己从难以反驳的困境中解脱出来，又能使对方在较为平和的心境中接受反对意见。

8. 广泛吸收，以质取胜。这其实是“后发制人”的策略，在面试开始后，应试者不应急于表述自己的看法，而是要仔细倾听别人的发言，从中捕捉某些对于自己有用的信息，通过取人之长来补己之短，待自己的应答思路及内容都成熟以后，再精心地予以阐述，最终达到基于他人而又高于他人的目的。

（三）变被动为主动，不臆断、不抢先

1. 变被动为主动。在论辩中，如果自己处于被动的不利地位，就不要再纠缠于原来的话题。这时可以及时转移话题，或抓住对方的一个弱点，从新的话题上向对方发起攻势，使自己变被动为主动。如果发现自己有错误应主动承认，这样可以避免受到无可反驳的批评，主动认错显得有风度，可以消除对方的戒备心理。

2. 不要主观臆断。日常生活中人们往往容易根据印象对某人的气质、性格作出判断。在小组讨论中，不要以此判断一个人的学识、论辩能力和观点态度。如果先入为主，很可能不利于自己在论辩中能力的发挥。

3. 不急于抢先。论辩中可以适当地保持沉默，仔细倾听其他人的意见，充分吸收别人的优点，同时修正和完善自己的论点。俗话说“旁观者清”，了解各方的观点，又超脱其外，让人觉得你有较强的公信力，因为你完善了自己的观点，充分吸收了他人的长处，发言就更容易被各方接受。一般辩论的各方都不愿树敌，包容他人的看法，理解对方，无形之中你就成为超越矛盾界限、沟通多方意见、驾驭全局、获得众人赞同的中心人物。

三、情境模拟面试的答题技巧

（一）答题策略

高度的针对性、真实性是情境模拟面试的突出特点，可对应试者的素质进行全面测评。应试者处理问题的合理性、决策的科学性及其组织协调能力是考官对应试者作出评定的主要依据。要从人数众多的竞争者中脱颖而出，应试者需要注意以下几点：

1. 沉着应对。情境模拟面试的内容一般都可在现实生活中找到原形或样板，两者之间存在着高度的相似性。不同的是，因为有明确的时间限制以及考官的参与，使得情境模拟面试气氛比平时更为紧张。由于表现情况将直接对职业或其他方面产生影响，应试者往往会感受到一种巨大的心理压力。如果处理不好心理压力，应试者会心慌意乱，感到无从下手，从而导致面试失败。

因此，在情境模拟面试中，应试者心理调节与情绪的控制是非常重要的。为了准确地感知模拟情境中的事物及其本质，并提出切实可行的解决办法，应试者一定要保持自己心理和情绪的稳定，沉着地去应对所面临的问题。

2. 大胆创新。情境模拟面试以考察应试者的综合素质为目的，它所考察的内容不仅包括简单的能力、资格、素质、条件，而且还包括创新等复杂的能力与素质。因而，在情境模拟面试中，应试者不能局限于简单地演示平日工作的方法手段，而应对事物进行灵活处理，以平时的经验为基础，根据条件和线索进行大胆创新，探索新的解决问题的思路与方法。这种突破常规的做法与勇气，往往会给考官留下深刻的印象。

3. 循规操作。在情境模拟面试中，有一些内容的应答是不容许应试者创新的，如公文处理及机关事务处理等，处理原则及程序都有明确规定，应试者只能循规操作，而不可自作聪明，擅自更改规则。

（二）应对原则

测评人才的面试方法越来越多，为考察应试者的真实能力，除常规“望闻问切”之外，面试官往往还会在情境模拟面试中使出各种解数。很多准备不充分的求职者一不小心就会遭遇“滑铁卢”，为此，并不是回答几个问题那么简单，应试者还需要有以下两方面的准备：

1. 语言准备。说话人人都会，可是如何说得得体，符合岗位特点和角色定位，说什么、怎么说，都是一门学问。求职者首先要了解自己应聘的岗位，然后根据要求，想象工作情境中需要运用的礼貌用语、习惯用语以及说话的口吻等。这样，在遇到此类面试时，就能有的放矢，在语言表达上给人留下良好印象。

2. 心态准备。有些应试者在日常工作中应对自如，可是到了面试时就变得紧张起来，在现场嘈杂的环境中，思想难以集中，加上围观者很多，导致无法正常应对。对此，应试者应在心态和情绪上进行调整后再去应试。

四、演讲面试的答题技巧

中要求应试者演讲同样是一种较常见的面试考察方法，这是一种更集中、更直接的测评方式。没有谈话的对方，没有主考官提问，只有听众，应试者是讲台上唯一的演员，更可以充分、自主地表现自己的气质、风度、语言表达能力、见解和观点。

不同于一般场合下的演讲，面试中的演讲听众主要是考官，他们要据此来决定你是否适合岗位。因而要以此为中心，向考官展示自己，博得好感与赞同。另一部分听众是参与竞争的其他应试者，对于你的演讲不能发表意见，但他们的情绪反应仍会影响考官对你的评价。如果你能在演讲的气势上胜过他们，在演讲内容上使他们心服口服，那么你成功的把握就大了。

下面介绍一些演讲面试的注意事项：

1. 要感染考官。演讲首先要内容充实、可信，调动出自己的真实情感。演讲者要用具有感染力的事实证明自己的知识和技能、工作经验、特长等适合岗位要求。

2. 要认真准备内容。应试者演讲前要对演讲内容作认真准备，理清演讲的结构，内容和顺序，什么要作为重点，什么可以一带而过，时间是否充足，开始和结尾的部分如何充分引起听众的注意，如何恰到好处地结束等。

3. 结束前总结要点。应试者在结束演讲前总结要点是十分必要的。在演讲中听众随着话语的流动来思考，或许不能及时地总结概括内容要点。演讲结束前的总结会给听众留下深刻印象，帮助对方记清楚要点。

4. 尽量不拿讲稿。应试者演讲时尽量不要拿讲稿上台，以免产生依赖性，成为念稿而非演讲。可以把要点写在小纸条上，字的大小最好能稍微一瞥就看得清楚。

5. 少用惯用的语气词。应试者演讲前要反省自己是否有惯用的语气词，如“嗯”

“哈”“呐”等，尽量减少使用这些语气词，否则会显得缺乏自信，思路不清，让听众觉得准备不充分，内容空洞。

6. 语速要适中。应试者演讲的速度要适中，可以参考新闻节目中的播报速度，易为人接受。初次演讲或心情紧张时，说话速度容易变得过快，这时要注意调整。

7. 调整语气和用词。台下练习时不要强行记忆，而要根据要点对主要的思想和观点了然于胸。演讲时，可根据考官的反应，调整具体的语气和用词。

8. 眼睛不要四处乱看。应试者演讲时，可将视线集中在一两个听众身上，眼睛不要四处乱看，每隔一定时间，可以沉稳地用眼神扫视一遍现场。在讲到重要内容时，说话速度可稍放慢，语气加重，同时注视考官，吸引考官的注意，使他们加深对你演讲内容的理解。

五、说课与讲课面试技巧

（一）说课的技巧

说课和讲课是招聘教师面试的主要形式。说课是（准）教师依据课程标准与教学理念，以及学生的学习水平与发展潜能，面对同行专家或领导，口头表述自己对某一课题学习目标、学习重点和难点、教与学的策略、教学流程等认识，并进行创造性教学设计的一种教学研究活动形式。简单地讲，说课就是口头阐述课堂教学的内容是什么，怎样设计和为什么进行如此设计等。

说课与备课的不同点包括：

一是概念内涵不同。说课是属于教研活动；备课属于教学活动。二是对象不同。说课是对专家、领导、同行，说明自己为什么要这样备课；备课是面对学生去上课。三是目的不同。说课是阐述教学规律、教学理念、教学思路和教学方法，让专家、领导、同行检验其备课水平；备课则是教师搞好教学设计，优化教学过程，提高课堂效果的实践活动。四是活动形式不同。说课是集体进行的动态的教学科研活动；备课是教师个体进行的静态的教学活动。五是基本要求不同。说课要说出教学设计的依据是什么；备课在于实用，只需要写出做什么，怎么做就行了。

说课涉及“说”和“课”。“说”是表述形式，而“课”则是所要表述的内容。因此，从这个意义上来理解，说课者需要在“说”和“课”，也就是表述形式和表述内容两方面下功夫，才能取得良好的说课效果。说课的主要内容包括以下几个方面：

1. 说教材

（1）说明教材所处的地位和作用。

（2）说明课程标准的要求。

（3）说明教学目标的确立。

（4）说明重点难点的确立，以及突出教学重点、突破教学难点的策略。

2. 说教法

主要说明教学目标（包括知识与技能、过程与方法、情感态度与价值观目标）、教学重点和难点。教学方法多种多样，各有各的优势以及适用环境和局限性。说课时不宜笼统地说哪种教学方法好，哪种教学方法不好。教学中，往往要运用多种教学方法，所以应说出以哪种教学方法为主，哪些教学方法为辅，以及选择这些教学方法的理论依据。

3. 说学法

（1）说明启发学生积极思维、获取知识的方法。

（2）分析学生学习过程中可能遇到的障碍及其原因，以及怎样有针对性地指导。

（3）教给学生合适的学习方法。

（4）培养学生分析问题、解决问题的能力。

4. 说教学过程

说明课堂教学的思路及理论依据；说清教学过程设计的总体框架和设想、教学过程的整体结构、教学内容的详略安排和教学板块的时间分配；说明重点如何突破，难点如何化简；说明教学媒体的合理运用、实验设计及板书设计等。

说课讲究的是教材把握准确，教法选择恰当，学法指导有效，板书提纲挈领，过程清晰明朗。在说课过程中，为达到较好的说课效果，应试者可采用以下技巧：

（1）提纲挈领说框架。要注意先提纲挈领地介绍整个过程框架，主要步骤、板块、活动，然后再具体说说各个环节。

（2）精雕细琢说名称。设计板块名称时，要仔细斟酌语句。具体而言，各标题需要做到4点：一是字数相等；二是结构相近；三是层次清晰；四是用词得当。

（3）详略得当说过程。说课需要突出重点，才能给评委留下深刻印象。基本环节简要说明即可，要做到惜墨如金；重点环节，如课文重点、教学重点、教学亮点、教学特色等要具体说。

（4）选准切口说理论。说理论要精心设计，找准切口。说理论依据不是越多越好，而是择其精要，点到为止，一般来说，只要选 5～6 个关键处简明扼要说明即可。

（二）讲课的艺术

1. 讲课与说课的区别

讲课与说课的区别在于：讲课是一种课堂行为，说课是一种课前行为。讲课是通过现场课堂教学实践来体现教学设计、分析与教学技能。说课对特定教学课题“怎样教”和“为什么这样教”的教学设计思想进行分析、概括，是对教案的设计阐述。也就是说，讲课是指教学的设计及其分析的实施，重在讲述、解疑。说课是指教学的设计及其分析，重在阐述、说明。

讲课的对象是学生，在讲课面试中，考官扮演的学生角色，应试者应将考官和工作人员当作学生对待，以教师的口吻讲述课程；说课的对象是教师、教研人员以及考官。讲课的听课人数和场地严格受限，说课的听课人数和场地不一定严格受限。讲课用时较长（一节课时间约 45 分钟），说课花费时间较少（不超过 20 分钟）。

2. 讲课的语言

讲课，是传授知识的一种方式。因而，在讲课过程中，语言的运用是非常重要的。在面试中，应试者需要合理使用 3 种语言：

（1）独白语言。独白语言是口头语言的一种形式，是指一个人独自进行的语言，通常指报告、演说、讲课时独自进行的较长时间的语言。

（2）教学语言。教学语言是指教师用以向学生传递教学信息的符号系统。教学语言是介于生活口语和书面文语之间的特殊形式。它既不是教材的背诵，也不同于大会的演讲，更不是生活中的口语，特点是把自己的意思转化为具有规范语法结构、能为学生理解的语言形式。

（3）肢体语言。肢体语言是指经由身体的动作，从而代替语言达到表情达意沟通目的的一种语言。在讲课中，肢体语言也起着非常重要的作用。

3. 讲课的评价标准

对教师讲课内容的评价主要有以下几个方面：

（1）仪表端庄，教态亲切、自然。

（2）温故到位，导入新课自然、有趣。

（3）语言流利，表达顺畅、有感染力、自然、富有逻辑性，普通话标准并富有情感。

（4）重点、难点讲解突出、适当，并符合知识建构理论。

（5）多媒体辅助教学手段使用得当。

（6）在教学方法上基本采用“学为主体、教为主导、启发诱导、学思结合”的当代教育新理念。

（7）课堂气氛活跃，双向互动充分，“收”“放”恰当，具有有效性和可控性。

（8）课堂评价新视野的“六种状态”（注意状态、参与状态、交往状态、思维状态、情绪状态、生成状态）良好。

（9）板书工整，书写速度快，板书内容的主、副区布局合理。

（10）时间分布合理。

除上述标准外，对幼儿园教师的专业技能测试还要求教学设计应符合幼儿的接受能力，教学方法应具有童趣性和智趣性，教学方法能够引起幼儿的认知兴趣。

【延伸阅读】

中小学教师面试评分参考标准

评价指标	评价内容
教学目标（15分）	1. 根据课程标准、教材和学生实际制定教学目标
	2. 目标制定合理、准确、科学，具有梯度和拓展性
	3. 目标阐述清晰，用目标引导教学

续表

评价指标	评价内容
教学内容（25分）	1. 教学能体现学科的课程性质
	2. 准确挖掘教材内涵，把握教学内容的核心价值，提高学生的学科素养
	3. 教学观点正确，内容完备，教学切入点恰当，能够突出重点，突破难点，学生的学习能力得到提升
	4. 问题设置有的放矢；能根据教学实际适度拓展、延伸
教学过程（25分）	1. 课堂结构完整、有层次；教学思路清晰，教学过程开放、有序
	2. 教学策略正确、方法恰当、灵活多样；关注生成性问题，教学调控好
	3. 能用激励性评价促进学生学习，评价主体多元、方式多样，评价准确，反馈及时
	4. 关注学生学习的个体差异，尊重学生的学习体验，满足多样化的学习需求；教学民主，师生互动，课堂气氛和谐，教学相长
教学资源（15分）	1. 具有良好的教学资源意识，积极开发、整合和利用教学资源，体现学科与生活的联系，运用恰当
	2. 能调动学生已有的生活经验，使之成为学科教学的重要资源
	3. 关注课堂生成资源，并恰当利用
教学技艺（20分）	1. 普通话标准流利，语言准确生动；教态自然亲切，仪表端庄，体态语恰当；感情充沛，教学富有感染力
	2. 板书书写规范，布局合理，利于学生知识体系的构建
	3. 学科教学功底好，视野宽广；富有教学机智，课堂调控能力强
	4. 有自己的教学风格，有创新意识

幼儿园教师面试评分参考标准

项目	分值	评分要点	时间
看图讲故事	40分	内容紧扣主题、语言流畅、表达清晰、声情并茂、符合幼儿园年龄特点	6分钟

续表

项目	分值	评分要点	时间
弹唱	40 分	1. 弹唱歌曲熟练、完整、协调 2. 富有较强的表现力，节奏准确，指法熟练，旋律流畅，声音悦耳，声情并茂	6 分钟
舞蹈		创编有新意，能用丰富的肢体语言恰当地表现音乐内容，体现一定的艺术性，动作优美，具有一定的艺术感染力和表现力	
教学活动	60 分	1. 教学内容科学、准确，切合幼儿实际，符合幼儿生活经验水平、认知规律以及心理特点，有利于幼儿的接受和发展，能引发幼儿的有效学习 2. 教学活动过程层次清晰，重点、难度突出，注重幼儿的主动学习。教师有较强的驾驭课堂的能力，教学策略适宜，能进行有效的师幼互动，既面向全体，又尊重个体差异，从需要出发进行恰当的总结和评价 3. 教学效果好，全面完成预设的内容，教学目标达成度高	6 分钟

六、灵活性面试的答题技巧

灵活性面试是考官与应试者通过谈话的方式进行的灵活性很强的交流面试。此类面试通常事先不设定题目，根据应试者的求职意向随机提问，包括家庭情况、求职动机、爱好特长等，随意性较强。企业由于在行业领域、岗位要求等方面差异较大，因而采用的面试形式较为多样，面试问题也灵活多变，这就需要应试者根据招聘岗位做好充足的准备。从企业用人的动机和要求看，企业招聘人员面试的内容主要涉及 3 个方面：个人的背景经历和求职动机、个人的素质及综合能力以及个性特点。

（一）个人背景经历与求职动机

1. 个人背景经历

这类问题主要是围绕个人的相关情况设计的，包括家庭、教育水平、成长经历等。它主要是用于了解应试者的志向、学习、工作等基本背景，并为随后面试中提问收集话题。

【例题 1】请你用 3 分钟左右时间简单介绍一下自己的基本情况。

【例题 2】你是什么时候参加工作的？你在大学期间学的是金融专业吗？

此类试题一般在面试开始时，用 3~5 分钟时间进行。特点是让每位应试者都有话可讲，且能自由发挥，使应试者轻松、自然地进入面试情境；同时也考察应试者能否在短短的几分钟内既尽可能多地展现自己的优势，又做到简明扼要、重点突出，侧重考察应试者的语言表达能力和思维的逻辑性。

2. 求职动机

这类问题着重考察应试者的求职动机与拟任职位的匹配度、应试者的价值取向以及工作态度。考官通常会从事业追求和现实生活需要两方面加以追问，甚至给应试者造成压力，以考察其自我情绪控制能力，并尽可能全面了解应试者对事业和生活方面的真实要求。

【例题 1】我公司具有高级职称的人很多，你是中级职称，来公司后很难申请到科研项目和经费，你愿意来吗？

【例题 2】根据你的专业和能力情况看，你可选择的职业范围很广，为什么选择压力大又辛苦的出版社发行部呢？

【例题 3】你为何想离开原工作单位？又为什么报考现在的岗位？

对于此类问题，要如实回答，不能说大话、空话，要从自己的价值观和志向等方面进行表述。

（二）个人的素质及综合能力

个人的素质及综合能力问题，考察应试者的综合分析能力、语言表达能力、计划组织与协调能力、人际关系沟通能力、应变能力以及情绪稳定性等。

【例题 1】唐诗宋词是我国宝贵的文学遗产，你能朗诵一首你最喜欢的诗词吗？请你谈谈为什么欣赏它？

此题主要考察应试者的语言表达能力和逻辑性。

【例题 2】某市现有数万下岗职工，他们的再就业是一个很大的难题。然而每年仍有上百万外地人在该市打工，请分析一下造成下岗职工再就业难的原因，并简单谈谈你认为合适的解决办法。

此题所测评的要素为综合分析能力和语言表达能力。考官提出一些有争论的问题，让应试者阐述自己的看法。重点了解应试者对热点问题的关注程度、对日常问题的观察能力、思考问题的深度、是否有独立的见解、知识面是否宽广、思想是否成熟等，并非是让应试者发表专业性的意见。

【例题 3】你的上级非常器重你，经常分配给你一些别人职权范围内的工作，为此同事对你颇有微词，你将如何处理这类问题？

此题所测试的要素为人际交往的意识和技巧，将应试者置于两难的境地，测评其处理上下级和同级权属关系的意识及沟通的能力。应试者在回答这类试题时，较好的回答方法是：从有利于工作和团结的角度考虑问题，积极、婉转、稳妥地说服领导改变主意，同时对同事一些不合适甚至过分的做法有一定的包容性，并适当进行沟通，以消除同事的误会。

【例题 4】在你的工作经历中有过这样的情况，你所在的单位与另一单位工作之间产生了矛盾或冲突，领导要你来参与解决，请举例谈谈你的想法和做法。

追问 1：请谈谈当时是什么引发了这场矛盾或冲突？

追问 2：领导要你参与解决，你的任务是什么？

追问 3：你采取了哪些措施？

追问 4：最终的效果如何？

此题考察应试者多方面的综合能力：分析能力、语言表达能力、计划组织与协调能力、人际关系沟通能力、应变能力以及情绪稳定性等，从中可以判断应试者的思维能力和在某种情境下的行为表现。

这类问题的假设是：应试者在过去怎么做，将来也会怎么做。由于这类问题的隐蔽性强，有些应试者会做一些言过其实的回答，所以考官需要对回答的某些细节进行追问。追问一般涉及当时的情境、任务、行动措施、行为结果这 4 个方面。应试者在回答这类问题时，切忌夸夸其谈，采取一些不切实际的做法，应结合自身实践并综合各方面的因素，以解决问题为目的，层次要分明、条理要清晰地表达对问题的思考和所采取的解决办法。

（三）个性特点

个性特点主要指应试者的心理特征，特别是承受压力、随机应变的能力。这类问题是为了考察应试者承受压力的能力，包括在有压力的情境中思维的逻辑性、条理性等，但也可以用于考察应试者的注意力、瞬时记忆力、情绪稳定性、分析判断力、综合概括能力等，一般多用于压力面试中。

【例题 1】我们从与你谈话中发现你有口吃的现象，因此，你报考教师职位恐怕不会被聘用，对此，你怎样想？

其实，应试者未必就有“口吃”现象，这常常是考官有意给应试者制造的一种情境压力，其用意就是测验应试者在遇到压力情境下，是否具备忍耐性，对情绪是否具有控制力。这种提问有时是“踩应试者的痛处”，或从应试者的谈话中引出问题。

【例题 2】你有个朋友生病在家，你带着礼物前去看望，偏巧在楼道里遇见了你领导的爱人，对方以为你是来看望领导的，接下礼物并连连道谢。这时你如何向对方说明你的真正来意，又不伤害对方的面子？

此题给应试者面临一种微妙、棘手、有压力的情境，所测的要素为应变能力，主要考察应试者在紧急情况下快速反应、妥当解决问题的能力以及情绪的稳定性。应试者回答时要保持情绪稳定、思维敏捷，设计合情、合理、得体，切忌不知所措、窘迫、紧张或言行不得体，甚至让对方下不了台。

第七章　主要面试题型作答解析

第一节　综合分析能力类

一、答题思路

综合分析能力类题型主要考察应试者对主考人员所提出的问题能否抓住本质，能否全面地进行分析，有独到见解，有深度，且论点鲜明，论据充分，论证严密，条理清晰。

综合分析能力类题型的答题要领：一是对事物从宏观方面进行总体把握；二是对事物各个组成部分从微观方面予以考虑；三是注意整体和部分之间的相互关系，以及各部分之间的有机协调配合。

此类题型可以分为 3 类：一是重大理论问题理解类；二是社会热点现象认识类；三是名言警句解读类。这 3 类题目答题思路各有侧重。

（一）重大理论问题理解类

答题时要指明与重大理论相关的政策方针的内容；阐明提出这个政策方针的背景；指出实施的意义和途径；联系自己谈对重大理论的理解。

【例题】2020 年 10 月 10 日习近平总书记在中央党校中青年干部培训班开班式上讲话强调：年轻干部要提高解决实际问题能力，想干事、能干事、干成事。请问你是如何理解的？

【出题思路】考察应试者认识问题、分析问题、解决问题的能力和责任意识以及担当精神。

【答题要点】

1. 背景和意义：提高解决实际问题能力是应对当前复杂形势、完成艰巨任务的迫切需要，也是对年轻干部成长的必然要求。

2. 素养及能力：想干事是基础，能干事是水平，干成事是目标，年轻干部只有提高素养和能力，在实践中增长才干，才能不断解决问题、破解难题。

3. 责任与担当：面对复杂形势和艰巨任务，年轻干部要提高政治能力、调查研究能力、科学决策能力、改革攻坚能力、应急处理能力、群众工作能力、抓落实能力，要勇于直面问题。

（二）社会热点现象认识类

答题时要指明现象，辩证地看待这种现象；指出这种现象的背景、危害和根源；找出解决办法；充满信心，提出希望。

【例题】 某地为加强对扶贫干部的管理，对参与扶贫工作的第一书记和驻村工作队干部实行 GPS 定位管理，不惜动用高科技手段查岗，对此谈谈你的看法。

【出题思路】 考察应试者客观、辩证看待问题，以及创造性解决问题的能力。

【答题要点】

1. 应当对扶贫干部加强责任担当方面的教育，进行科学管理。

2. 采取 GPS 定位管理治标不治本，成效和合法性值得商榷。

3. 结合扶贫工作实际，提出有效解决管理问题的措施和方案。

（三）名言警句解读类

答题时要指出名言警句的出处，如果不知出处，可说出其表面意思；点明主要内容的深层含义或反映了什么观点；联系实际，谈自己的理解与看法。

【例题】 齐白石所说的“学我者生，似我者死”是什么意思？你对这句话怎么看？

【出题思路】 考察应试者的综合分析能力，要求看问题有深度，论点鲜明，且能言之有理。

【答题要点】

1. “学我者生，似我者死”的意思是学他的神韵的人会比较有前途，而一味模仿他的画意味着死路一条，要做到神似而不是形似。

2. 对于好的东西，我们不仅要学习，而且要创新，不能生搬硬套，在运用中要实事求是，具体问题具体分析。

3. 建设中国特色社会主义现代化国家，是前无古人后无来者的创造，对国外的先进经验，我们既要采取“拿来主义”的态度，又要去其糟粕，创造性地发展。

二、常见题型作答参考

1. 全国道德模范以“助人为乐、见义勇为、诚实守信、敬业奉献、孝老爱亲”为评选标准，他们有哪些榜样作用？谈谈你的看法。

【参考答案】

（1）评选全国道德模范的目的，是要激励广大群众积极参与社会主义道德建设，大力弘扬社会公德、职业道德、家庭美德，在全社会进一步形成知荣辱、讲正气、促和谐的良好风尚，推动社会主义思想道德建设不断发展，推进社会主义核心价值体系建设，为经济社会发展提供强有力的思想道德保障。所以，以“助人为乐、见义勇为、诚实守信、敬业奉献、孝老爱亲”为评选标准，是非常正确的。

（2）榜样的力量是无穷的。评选出的全国道德模范，他们身上体现了中华民族的优秀品质，反映了我国社会发展进步的时代精神，是群众拥护学习的先进典型，起着引领和示范作用。他们的模范行为，将会带动全国人民，自觉实践社会主义核心价值观，推动社会主义道德建设不断发展，掀起精神文明建设和比、学、赶、帮、超的新高潮。

（3）评选全国道德模范，体现了党中央对道德建设的重视，同时也对加强全社会的道德建设提出了更高要求。我们一定要认真学习全国道德模范的先进事迹和崇高品德，自觉从小事做起，从身边事做起，帮助他人，关爱他人，爱岗敬业，诚实守信，做一个真真正正实践社会主义道德的好公民。

2. 俗话说：“读万卷书，行万里路，交八方友”。结合你交友的事例谈谈对“交八方友”的理解？

【参考答案】

（1）真正的朋友，是一个人一生的财富。古今中外，对于朋友的精辟诠释有很多，孔子曰：有朋自远方来，不亦乐乎；宋代的哲学家程颢说：古者，自天子达于庶人，必须师友以成其德业；马克思说：人的生活离不开友谊，但要得到真正的友谊却是不容易的。友谊需要用忠诚去播种，用热情去灌溉，用原则去培养，用谅解去维护。

（2）在个人日常生活中，无论学习工作还是生活，都离不开真正的朋友。古人云：珠玉不如善友，富贵莫如仁友。朋友，可以让快乐加倍，让悲伤减半，如果我们缺少了朋友，学习中就难以获得真知，工作中就难以取得进步，生活中就难以感到温暖，我们的集体就会缺少凝聚力和向心力。

（3）“交八方友”，要坚持原则。对于个人而言，我们一定要遵纪守法，坚持原则，保持清醒的头脑，把握好交友的分寸和尺度，不能因为朋友的利益或要求，而使国家和集体的利益受到损害。我们要铭记：与邪恶者的友谊，像早晨的影子，时刻在缩短；与善美者的友谊，像傍晚的影子，时刻在增长。

3. 人们常说：事业留人、感情留人、环境留人，待遇留人，你认为什么留人最重要？为什么？

【参考答案】

我认为事业留人最重要。事业恰如人生的航标，是衡量人生价值的标尺，是实现人生价值的平台。事业是感情、环境、待遇所不能替代的。既使一个单位的待遇非常好，员工之间也比较和谐，但如果没有给员工提供充足的发展空间，不能使员工各尽其能、才尽其用，无法充分发挥他们的创造力，职工没有职业生涯发展的愿景，那么，这个单位也不会留住真正的千里马，更不会创造出成就。习总书记指出：用一贤人则群贤毕至，见贤思齐就蔚然成风。识才、爱才、敬才、用才之风，核心是用才，这样人才才有用武之地。

因此，我认为事业是拴心留人的关键和根本，搭建干事创业的平台，才是留人的根本之策。

4. 请就“一个和尚挑水喝，两个和尚抬水喝，三个和尚没水喝”谈谈你的看法。

【参考答案】

（1）这句俗语说明如果一个团队职责分工不明确，竞争机制不健全，奖惩机制缺失，就会造成成员之间不团结，缺乏团队合作精神，无法形成合力。

（2）我认为引申到工作当中，应当：①定编定岗，明确职责；②责任到人，奖惩分明；③集体决策，分工执行；④团结互助，激发活力。

（3）总之，我们应该从实际入手，发挥个人的主观能动性，调动团队的积极性。在团队中树立竞争意识、危机意识、担当意识、责任意识，辅以良好的各项机制保障，才能更好地完成工作。

5. 理论和实践哪个更重要？如何做到学以致用？

【参考答案】

（1）理论与实践同等重要。理论是实践的基础，是前人实践的总结，需要在新的实践中不断完善。实践是理论学习的目的，是检验理论的唯一标准。实践出真知，实践是最好的课堂，是提高人们能力的重要途径。人们通过实践，可以学到许多书上学不到的东西，人们的才干只有在实践中才能得到体现。

（2）理论与实践只有结合起来才能发挥最大的作用，用理论去指导实践，在实践中创新理论，两者相互促进，共同发展。

（3）我们应当在工作实践中学以致用，善于将所学的理论知识运用到实践工作中，经常深入到生活工作实际中去了解情况，发现问题，挖掘典型。我们要及时总结人民群众创造的新经验和好做法，通过理性思考，上升为规律性的认识，用于指导和推动工作。通过积极认真总结经验，探求规律，提高我们研究解决问题和抓好落实的能力。

6. 对于居里夫人的名言：持久的耐力造就成功，你是如何理解的？

【参考答案】

居里夫人这句话蕴涵着丰富的哲理，充分说明了坚持对于成功的重要作用。这句话对于我们年轻人的成长同样具有深刻的教育意义。坚持就是胜利。如果居里夫人缺乏坚持不懈的精神，她就不会两次获得诺贝尔奖，也不会对人类进步作出如此巨大的贡献。如果不是坚持，伟大的文学家、历史学家司马迁也不会在遭受腐刑的巨大痛苦下完成伟大巨著《史记》。如果不是坚持，我们的革命前辈们就不会打败帝国主义，建立新中国；如果不是坚持，我们的改革开放也不会取得举世瞩目的伟大成就；如果不是坚持，我们的社会就不会进步，中国特色社会主义事业就不会兴旺发达。

不忘初心，砥砺前行。我们要继承和发扬志士仁人“咬定青山不放松”的优秀品质，积极响应党和国家的号召，坚持全心全意为人民服务的宗旨不动摇，坚持社会主义道路不动摇，坚持改革开放不动摇，认真学习，不断进步，为中华民族的伟大复兴而努力工作。

7. “人生如登山，每一步都是一个高度”，对比你怎么看？

【参考答案】

（1）登山者要选准正确的路径，才能实现目标——登上山顶，人生也应该首先选好自己的目标和实现目标的道路。

（2）人生的每一次变化都可看成是一次登山，人生的旅途可以与登山的曲折相媲美。每走一步，都像是攀援在山间，有高坡、有沟壑、有坦途，不能有所松懈，只有努力才能不断上升到新的台阶。

（3）要想爬高山，还得要有吃苦的准备，如果给自己找很多理由，如体力有限、准备不充分等，后面的高峰只能放弃。人生如登山，在成长的道路上，总会有曲折，总会有困难，只要我们走过去，就一定会取得成功的。

（4）无论选择何种职业，都必须时刻做好吃苦的准备，不能急功近利，要像登山一样，一步一个脚印地走，每走一步都要不断总结经验教训，让自己在各个方面都再上一个高度，这样才能更好地为人民服务。

8. 有一位见义勇为的出租车司机，在载伤员赶往医院时闯红灯，被交警拦下当场处罚。社会各方对此褒贬不一，请问你是怎么看的？

【参考答案】

以人民为中心是永恒的真理，是一个社会文明进步与成熟的表现。如何将以人民为中心的理念与法律法规的刚性约束有机结合起来，这既需要在制定法律法规时充分体现以人民为中心，又需要在具体执法中实施以人民为中心的行为。具体到本案例中，我认为应该体现原则性与灵活性结合的原则，人性执法，理性做事，着眼实际，合理合情处置。作为交警不应当场处罚，以免延误伤者病情。作为交通管理部门，应该建立绿色通道应对特殊情况，作为个人遇紧急情况应求助于120或110系统，作为国家和社会，应该指导医疗卫生系统建立和完善紧急救助机制，只有这样，才能避免引发以人民为中心与法律约束的冲突。

9. 现在很多企业在招聘时，面对应届毕业生，要求“要有工作经验的”，面对有工作经验的应聘者又强调“要35岁以下的”，对此你怎么看？

【参考答案】

这个现象在社会上确实存在。随着市场经济竞争的加剧，企业愈发重视人才，尤其是有实际工作经验人才。因此，从经营的角度来讲企业要求应聘人员有一定的工作经验无可厚非。同时，一般人在35岁左右时精力和学识基本达到巅峰，这个年龄段的人才能够给企业带来的回报是最大的，所以企业在人才的选择上有年龄的考虑也是极为正常的。

但是，从企业长期的经营发展来看，这种对经验和年龄一概而论是不科学的。第一，关于工作经验。有工作经验的应聘者，具有较为固定的思维模式和行为习惯，如果不适应招聘企业的文化和工作环境很可能会给企业带来负面的影响。应届生反而能够比较容易地接受企业文化，较快地适应工作要求，能够全身心地融入团队、投入工作。第二，关于年龄。在35岁以上的应聘者中，仍然有许多渴望发展、积极进取的优秀人才。由于年龄较大，会更加珍惜难得的工作机会，更加努力地工作，与年轻人比较，更能够运用经验来解决工作中的难题。

因此，我认为，企业的招聘不能简单地就经验与年龄一概而论，而应以全面和辩证的观点来分析对人才的需求，从企业发展的长远角度制定人才招聘的战略。把最适合的人放在最适合的岗位，才能够实现个人与企业的双赢，为企业的不断发展奠定一个良好的基础。

第二节　人际沟通能力类

一、答题思路

这一类试题，主要考察应试者有目的地建立与他人、团体的关系，以及在维持良性人际关系的基础上，有效拓展人际交往范围的能力。公务员和事业单位工作人员，必须具备较强的人际关系处理能力与协调能力，努力协调处理好身边的人际关系和各种矛盾，只有这样，才能顺利开展工作，完成工作任务。因此，这类题型几乎是公务员录用和事业单位公开招聘面试题中的必考题。

人际沟通能力类试题答题要领：思路清晰，条理分明，事前准备充分，计划科学得当，事中运行合理、组织协调有力，事后总结全面、详略得当。

国家公务员录用和事业单位公开招聘工作人员面试，涉及这方面的题目非常多，所以应试者在回答此类问题时，一定要掌握好正确处理人际关系的基本原则，熟悉基本模式，重点把握以下两点。

（一）为人处世的基本原则，即：诚实、守信、理解、宽容、帮助等。同时，与不同类型的人相处也会有不同的方式：比如，与领导相处，我们要做到服从、尊敬和协助；与同事相处，我们要做到真诚、团结、宽容，守望相助；对待群众，我们要处理好干群关系，要明白全心全意为人民服务是最高宗旨，低调做人，不摆架子、不耍脸色、不居高临下，对群众一视同仁。除此之外，在面试之前，还必须大致了解报考单位或岗位对人际关系处理与协调能力的特殊要求，如组织中的绝对服从，工作中的权属关系，工作纪律等。做到有备无患，面对具体问题也能灵活处理。

（二）回答这类问题要遵循八字方针：冷静、反思、沟通、扬弃。

冷静：遇到矛盾，或处于不顺利的境况时，要有一种平和的心态，冷静观之，不急躁，认真分析，理智对待。

反思：遇事多做自我批评，多找自己主观原因，不一味强调客观理由。善于从自己的不足出发，找准原因，对症下药。

沟通：沟通是处理各种矛盾最有效的方式，要善于选择适当的时机和场合与有矛盾或误解的人（同事、朋友、亲属等）沟通、交流，从而有效地化解矛盾、消除误解。

扬弃：辩证地看待事情，不因环境的不同而影响自己工作态度和热情，既要协调好关系，又要坚持原则。

应试者若能充分掌握、正确理解这八字方针的内容，并灵活运用，那么在回答这类题目时就会比较得心应手。

【例题 1】你撰写了一个工作方案，领导不仅没有采纳，反而“讽刺”你，对此你怎么想？又该怎么办？

【出题思路】考察应试者在工作不顺利时的心态，以及人际关系处理的能力与技巧。

【答题要点】

1. 要调整好心态。领导不采纳工作方案是正常的，而领导的“讽刺”也肯定是有原因的（注意这里的“讽刺”加上了引号，因为这是你的主观认识，不一定是领导的真实意图）。遇到这种情况，就必须保持一个平和的心态，认真分析，理智对待。

2. 以主动积极的态度去解决问题。领导不采纳工作方案有可能是方案本身的原因，也有可能是自己的原因。在分析的过程中，要做到多反思，多从自身查找原因，找出解决问题的方法和对策。

3. 表明决心。方案不被采纳，还受到“讽刺”，不会影响到自己工作的积极性，一时的“受挫”不会动摇你努力工作的信心和决心。

【参考答案】

（破题）我的方案没有得到采纳，心中难免有一丝委屈，但我认为：一个人的工作不可能一帆风顺，遇到问题不怕，关键是看我们怎么正确对待它。我将从以下几个方面处理好这件事情。

首先（冷静），我会保持冷静，不急、不躁，以平和的心态看待这件事。

其次（反思，找主观原因），我会认真分析原因，反思：我的方案没有得到采纳，是方案本身确实存在问题，还是由于自己平时工作方式、方法不妥及其他问题，引起领导的误解？

再次（沟通），找准原因后，如果是方案的问题，我会进一步调查研究，完善方案。如果是自己平时的工作方式、方法不妥，要纠正克服、及时纠偏、完善自我。同时，我会在适当时机，采取适当方式，主动与领导沟通思想、征求意见。

最后（扬弃），我不会因此而影响工作积极性，今后我一方面要继续努力工作，另一方面要克服不足，完善自我，更好地履行好岗位职责。

【例题 2】你和一名同事共同完成了一项工作，效果很好，受到上级领导的表扬。在向大家汇报时，这名同事把你的功劳，也说成是他自己的成绩，对此你怎么办？

【出题思路】考察应试者如何应对委屈的心态，以及人际关系处理能力与技巧。

【答题要点】在回答这类问题的时候，一定要展现出大度、宽容的姿态，发扬大事讲原则，小事讲风格的精神。

【参考答案】

首先，这项工作之所以受到上级领导的表扬，是我们共同努力的结果。

其次，在工作中我们相互配合，互相学习，愉快合作。

再次，我不仅发挥了自己的聪明才智，也从这名同事身上学到了很多宝贵的工作经验。

最后，完成好领导交给的工作，是我的职责和义务，无须宣扬自己的作用和成绩，无须邀功、索奖。

【例题 3】你有个同事，脾气比较古怪，听不进别人的意见，你该怎么处理和他的关系？

【出题思路】本题考察应试者如何协调同事之间的关系，以及是否具备良好的人际关系处理能力。

【答题要点】回答此题，首先要灵活运用八字方针，可同样用冷静破题。其次要有反思，反思的内容重在了解同事为什么会脾气古怪，如何帮助同事改掉古怪脾气。最后要扬弃，表态，要体现出自己的真诚，宽容，展现良好的人际关系处理能力。

【参考答案】

同事脾气比较古怪，我会以平和的心态来对待，尽力去处理好我们之间的关系。具体来说，我会做好两方面的事情：

第一，针对同事的这种性格，我会采用一些恰当的方式与之慎重相处。这位同事脾气古怪，不喜欢听别人的意见，我与之交流的时候尽量小心谨慎，提意见也要讲究方式方法。

第二，与人相处最重要的是要心胸宽广，真实坦诚。这位同事脾气古怪，可能是性格所致。如果是这个原因，那我会选择恰当的方式，跟同事进行沟通，让他明白这样的处事方式不利于他的生活和工作，并帮助他慢慢改进。出现上述情况，还有可能是同事受客观环境的影响，或者有家庭原因或遇到一些不顺心的事。我会在生活上、工作中多关心、帮助他，在情感上多开导他。我会尽最大的努力去帮助这位同事，与之建立起良好的关系。

二、常见题型作答参考

1. 你被分到 A 处，A 处领导对你很器重，同时提醒你要注意隔壁的 B 处捣乱，你将如何处理 A、B 两处的关系？

【参考答案】

（1）非常感谢领导对我的关心，我会掌握分寸，处理好 A 处与 B 处的关系。

（2）A 处与 B 处，虽然是不同的处室，但是属于同一个单位，维护单位的形象，精诚团结，是我们各个处室必须要做到的。

（3）相信 A 处和 B 处只是存在着一些误解，只要两个处室能够做到开诚布公，互相理解，互相支持，误解肯定会消除。

（4）在尊重领导告诫的前提下，与 B 处的同事们搞好关系，侧面了解两个处室存在误会的原因。

（5）寻找适当的机会，联系两个处室的同事，组织一个联谊会，并邀请两个处室的领导参加，创造机会，让两个处冰释前嫌，消除误解，达成共识。

2. 你被录取为公务员，却发现你的顶头上司曾经在一次邻里纠纷中与你发生过激烈的争执，你以后如何处理与他的关系？

【参考答案】

（1）摆正心态，摒弃偏见，以积极的态度处理与顶头上司的关系。

（2）深刻反省与顶头上司产生争执的原因，查找自己的不足。

（3）在具体的工作中，服从顶头上司的工作安排，做好本职工作，绝对不把个人情绪带到工作中来，努力处理好与他的关系。

（4）人无完人，孰能无错。只要大家互相付出真诚和努力，做到开诚布公，互相理解，相信曾经发生的争执不会成为团结合作的障碍。

3. 领导把本来属于同事的工作分配给你，引起同事的不满，你会怎么做？

【参考答案】

（1）这是领导对我的信任，我一定会妥善处理，争取做到既顺利地完成领导分配的工作，又尽量化解同事的不满情绪。

（2）选择适当的时候和领导进行沟通，向领导说明情况。

（3）与同事进行沟通，同时多积极配合同事的工作，努力消除同事的不满情绪。

（4）要处理好人际关系，积极与领导和同事们多沟通，创造和谐的工作氛围。

4. 在工作中你和领导意见相左怎么办？

【参考答案】

（1）出现这种情况很正常，我会冷静处理，正确面对。我在工作方式方法上可能与领导认识不一、思路不同，但目标和路径是一样的，不应固执己见，影响大局。

（2）寻求适当的机会，与领导进行沟通，大胆地陈述自己的想法和思路，并虚心地向领导请教。

（3）沟通之后，如果领导还是坚持己见，我会以大局为重，暂时放弃自己的意见，充分尊重领导的意见，尽量避免与领导发生直接的冲突。

（4）和谐的工作氛围是顺利开展工作的前提，是凝聚力量的必要条件，所以，在不违反大原则的情况下，力求做到大事讲原则、小事讲统一。

5. 如果你的两个朋友发生矛盾，你将如何协调？

【参考答案】

（1）友谊是人生路途上的珍贵财富，人的一生都离不开友谊。朋友之间发生矛盾是正常现象，关键是正确对待。

（2）我会通过多种方式侧面了解情况，初步摸清他们产生矛盾的原因。

（3）寻找了解实情的合适机会，分别与两人进行沟通和交流，了解他们彼此的想法和看法。

（4）组织一次好友聚会，邀请这两个发生矛盾的朋友参加。在聚会中，创造化解矛盾的机会，让他们在和谐自然的氛围中化解矛盾，达成谅解，冰释前嫌。

（5）海纳百川，有容乃大。应该严于律己，宽以待人，学会宽容，善于包容，对于朋友绝对不能斤斤计较，睚眦必报。

6. 如果你在工作中与同事发生了误会，会采用什么方式消除误会？

【参考答案】

（1）同事是工作中的伙伴，是相互配合相互支持的朋友，处理好和同事的关系相当重要，我会尽力处理好这件事情。我不会因为同事对我有误会就疏远他，我会一如既往地尊重他。

（2）分析自己的原因：让同事产生误会，很可能是我某方面存在不足。我会从自己的工作态度、工作方式方法、工作能力等方面找出具体原因，并作出相应的弥补和改进。

（3）如果确实是自己的原因引起了同事的误会，我会主动向他道歉，并作出改进承诺。如果由于对方的原因对我产生误解，我会以适当的方式和时机和同事沟通、交流，讲清楚道理，我想同事会接受的。

（4）如经过多次努力还不能消除同事对我的误会，我会找适当时机把情况如实反映给领导，请求领导的帮助，以防影响正常工作。

7. 新来的领导不懂业务，安排的工作有很多不合理之处，你怎么办？

【参考答案】

（1）新领导的业务水平可能有待提高，但他在宏观管理或其他方面有许多值得我学习的地方，不能因此而否定领导，应一如既往地做好本职工作。

（2）首先，我要对自己的认识进行反思，看看自己的判断是否有误。如果领导安排的工作确实存在不合理之处，我应选择恰当的时机与领导沟通。如果领导赞同我的意见，会作出新的安排；如果领导不认同我的观点，肯定有他的想法和原因，我会在不违背原则和纪律的前提下服从安排，严格执行领导的决定。

8. 领导让你接手小王的工作，小王很忙，无法和你交接怎么办？

【参考答案】

（1）我一定会妥善处理，争取做到既顺利地完成交接工作，又不打乱小王的工作进程。

（2）在和小王交接工作之前，我会向各方面了解工作情况，为顺利交接作好准备，争取顺利交接，缩短交接时间。

（3）可以和小王约定一个双方相对空闲的时间或在他工作之余，如晚上或者周末进行工作交接。

9. 你在单位中通过竞争上岗，取代了之前的领导，他从你的上级变成了你的下级，你将如何与他共事？

【参考答案】

（1）处理好和老领导的关系，是做好工作的重要基础与前提。

（2）对老领导要一如既往地尊重和支持，继续保持与老领导良好的工作关系和私人感情，不能因为自己的晋升，就对老领导疏远。

（3）多向老领导请教、学习，多与老领导沟通交流，取得他的支持和帮助。

10. 假设你是某单位的办事员，一天一位同志拿着领导写的条子，请你帮忙办事，你将怎么办?

【参考答案】

（1）与来找我办事的同志进行沟通，确定要我帮忙办理事情的性质。

（2）确定解决问题的办法。如果这件事情在我的职权范围之内，而且不违背工作原则，我会欣然接受。如果这件事情违背工作原则，我会向这位同志讲明政策和工作原则，并婉言拒绝。如果这位同志用领导的权威来压制我或者强迫我办理，我会及时向我的主管领导报告，寻求领导的支持。

（3）作为人民的公仆，我们一定不要忘记手中的权力是人民赋予的。无论何时何地，我们都要坚持原则，遵守国家法律法规和政策规定，不能徇私枉法，以权谋私。

11. 对于一项决定，正职领导和副职领导存在不同的意见，你和副职领导的私交甚笃，他坚持要按自己的意见，你怎么办?

【参考答案】

（1）虽然我与副职领导的私交很好，但是事关工作和领导之间的关系，我会慎重处理。

（2）经过反复比较，如果发现副职领导的意见存在漏洞或者有违原则，照此执行会产生不良影响，我会与副职领导进行沟通。一方面我要劝说对方冷静下来，认真考虑正职领导的意见，依规履职，避免意气用事，造成不良后果。另一方面我要劝说副职领导主动与正职领导就该项决定开诚布公地沟通，争取达成谅解，取得共识。

（3）虽然我与副职领导感情很好，但是如果副职领导坚持己见，一意孤行，我会义无反顾地支持正职领导的意见，绝对不会因为私交而放弃工作原则，这样做也是真正为了副职领导好。

12. 某同事经常在上班时间打电话、聊天、上网，许多事情都让你干，结果干好了领导表扬他，干不好挨批的是你，你怎么处理?

【参考答案】

（1）进行自我反思，认真检讨自己在工作中出现的失误，以及造成这种局面的原因。

（2）寻找适当的机会，选取适当的方式，与该同事进行沟通，尽量做到开诚布公，以诚相待。在表达本人想法的同时，提出希望对方改进的建议。

（3）如果该同事依然如故，我会如实向领导汇报，取得领导的支持。和谐的人际关系是顺利开展工作的前提条件。个人的力量毕竟是有限的，只有大家精诚团结，才能形成合力，产生凝聚力。如果有些同事在工作中欺瞒领导，要小聪明，贪功邀功，不诚实守信，我们应该本着对同事负责的态度，真诚地提醒并对他展开有效的批评，纠正他的错误，避免造成严重后果。

13. 作为刚来的新人，你知道一种办公软件比现在单位正在使用的更先进，你会怎么办?

【参考答案】

（1）作为单位新人，对单位情况还不了解、不清楚，不应贸然提意见，应该先进行仔细的观察与了解。

（2）也许正在用的这个软件虽然并不先进，但完全能够满足单位的工作需要。如果现有软件不仅落后，而且不能满足单位的工作需要，对工作的顺利开展造成了影响，我会和相关负责人进行适当的沟通，将我的看法反映给领导。

（3）在领导没有决定更换前，应在现有软件的基础上进行改进和完善，不宜反复提及新软件的先进，以免造成误会。

14. 你的一位同事很爱推卸责任，你们团队的工作受到领导的批评，开会时这位同事说任务没完成是因为你没及时把统计数据交给他，你怎么处理?

【参考答案】

（1）首先我会反省自己，如果是我的问题，我会诚恳地承认错误。

（2）如果不是我的原因，我会选择一个适当的机会，和这位同事进行沟通，表明我的态度，向他指出问题所在。

（3）我不会因为此事就对同事产生成见，还会一如既往支持他的工作，争取用自己的实际行动改变他的做法，形成团队凝聚力。

15. 你是办公室保密科的科员，一个要好的同事拿一份资料过来让你盖章，说是领导之间打过招呼，但是没有经过审批，你会怎么办?

【参考答案】

（1）向我的直接领导请示，了解具体的情况。

（2）如果情况紧急，需要立即办理的，可以按照特殊情况处理，并告知同事须在事后补办相关手续。

（3）如果不是紧急情况，那么应该按照日常工作程序办理，并向领导与同事做好解释工作。

16. 你和领导一起出差，上飞机之后，发现一份十分重要的文件忘了带，领导当场严厉责备你，该怎么处理?

【参考答案】

（1）面对批评，做到不当面辩解，不与领导正面顶撞。

（2）向领导虚心承认错误。

（3）在飞机落地后，安排其他同事通过传真的方式把文件的复印件发送过来。如果属于密级文件或内部文件，应通过涉密传真机发送和接收，不得用互联网传递涉密文件。

（4）总结教训，引以为戒。不会因为此事而对领导产生成见，要一如既往地尊重和支持领导的工作。

17. 上级委派一项任务，领导采纳了你的方案，没有采纳其他同事的方案，领导让你负责这项任务，同时需要其他同事配合你完成。如果同事不是很配合，你怎么办?

【参考答案】

（1）领导采纳我的方案，是对我的肯定，同事不是很配合，是有原因的。

（2）分析同事不配合的原因，可能是方案还存在不足，可能是我在方案执行过程中的工作方式过于生硬，还可能是同事对我存在误会，或是由于领导采纳了我的方案，有意刁难。

（3）我会出于公心，进一步完善方案，改进自己的工作方式方法，多与同事沟通，动之以情，晓之以理，用自己的诚心和实际行动消除与同事的误会，共同把工作做好。

18. 你的工作能力很强，有个同事能力不如你，背后向领导说你的坏话，你该怎么处理？

【参考答案】

（1）对于同事在领导面前说我坏话，我会先反思自己是否在工作中有失误，或者在和同事的关系处理上是否存在问题，使同事对我产生了误会。如果是我自己的问题，我会努力改正。

（2）和同事进行积极的沟通，以恰当的方式，征求同事对我的意见，消除误会，改善关系。

（3）及时和领导进行沟通，防止领导因此事而产生对我的误解。

（4）我不会因为此事而心存芥蒂，还会继续团结同事，共同做好工作。

19. 你和同事合作一个项目，你们俩的性格和看法完全不同，你该怎么做呢？

【参考答案】

（1）与性格、看法完全不同的同事合作项目，虽然有障碍，但是正好可以利用这些差异形成优势互补，不但有助于把工作做得更好，而且能够增进相互之间的了解。

（2）由于性格、看法完全不同，不可避免地会出现一些不同认识。对于这些矛盾，我会出于公心，避免针锋相对，激化矛盾。对意见相左的现象，我会根据工作的需要，首先反省自己，如果确实是我考虑不周，我会听从同事的看法；如果同事错了，我会以适当的方式和他沟通，纠正错误。

（3）每一个人的性格不同，对事物的看法也不尽相同，就像树上的叶子一样，每片叶子都不相同，但它并不影响生长。人与人之间性格、看法的不同，不影响合作共事。

20. 同事有很好的建议，告诉了你。你在偶然的场合把这个建议说给了领导听，领导很满意，采纳了这个建议，并在大会上表扬了你。为此你的同事很不高兴，你该怎么办？

【参考答案】

（1）及时向领导、同事说明真实情况，此建议是同事提供的，我只是讲了出来。

（2）真诚地向同事道歉，消除误解，取得原谅。

（3）认真总结教训。在实际的工作与生活中，做人要光明磊落，做事要谦虚谨慎，要顾大局、识大体，不贪功、不邀功，实事求是，知错必改。

第三节　计划、组织与协调能力类

一、答题思路

这类题型主要考察应试者计划组织活动、安排日程、调配资源的能力，以及对冲突各方利益进行协调的能力。计划、组织与协调能力类试题是目前面试中的一大难点。首先，大多应试者都是应届毕业生，缺乏相应的社会实践能力。其次，即便是有一定工作经验的应试者，由于没有计划组织过具体工作，也缺乏这方面的工作经验。再次，即便有工作经验并从事过具体的计划组织工作，也会受自身局限性影响，思考得不全面。所以一旦遇到操作性很强的这类题型，很多应试者都感觉无从下手。以下为大家提供这类题型的答题思路，见表 7-1。

表 7-1　　计划、组织与协调能力类题型答题思路表

项目	常用共性要素、共性语言	备注
导语	上级交给这项任务说明了领导对我的信任。也是锻炼我组织能力、工作能力的良好机会，我一定圆满完成任务，对此要做好如下方面的工作	这里要看具体的考试要求
（一）制定方案	深入了解情况，明确方案的内容：重要性、必要性、意义、目的、主题、内容、地点、时间、人员、经费、方法、形式、步骤、措施、要求等，强调上报领导批准	了解试题意图，不可盲目套用。
（二）组织实施	当方案被批准后，按照方案要求组织实施，召开会议，明确分工、提出要求，起草下发通知，落实任务，检查督促，协调指导，解决问题，请示汇报，达到预期目的	请示上级，协调同级，沟通下级
（三）总结提高	结束后，要进行认真总结，肯定成绩、找出差距，写好报告，请领导审阅，以此不断提高自己的工作能力，今后能更好地完成这方面的工作	一般为两个总结：工作总结和个人总结

这类题型实践性较强，每道题都与现实工作紧密联系，在答题的过程中还要注意以下几点：

第一，灵活运用答题思路表。上述提供的是框架，具体内容需要应试者有针对性地添加，在回答时加入与题目有关的内容。

第二，答题时要把握好度。答案不可太简单，一定要说到实处，说到要点。同时，答案也不可太过详细，这样会占用大量的答题时间，容易导致答题重点不突出，所以掌握好度非常重要。

第三，确保条理性。这类题型条理性很重要，面试时一定要记得列出要点，做到条理分明，层次清楚。

答题顺序可以总结为：事前准备——充分；事中运行——合理；事后总结——全面。

【例题1】 领导让你对新录用的公务员进行一次以《公务员法》为主要内容的培训，你怎样安排培训？

【出题思路】 通过完成指派的工作或任务，考察应试者的计划、组织和协调能力。

【答题要点】 导语+三个环节+小结，导语为信任——锻炼——完成；三个环节为计划——实施——总结。

【参考答案】

导语：领导交给我这项任务，是对我的信任，对我而言也是一次很好的锻炼机会，我一定认真组织好培训。对于这次培训我准备从以下几个方面进行：

1. 计划准备阶段（第一环节）：

（1）了解培训活动的组织目的和指导思想。

（2）培训准备。起草培训活动的方案，方案包括培训时间、地点、内容、任课老师、经费等，待领导审阅同意后，下发培训通知。

2. 实施（第二环节）：

培训方案经领导批准后，严格按照方案内容做好各项实施工作。

（1）明确分工，组织培训有序进行。

（2）注意检查各项工作任务的落实情况。

（3）出现问题要及时解决，注意协调各种关系，保证培训顺利进行，以达到预期的目的。

3. 总结（第三环节）：

（1）写一份培训工作情况总结，报领导审阅。

（2）进行自我总结，以利于更好、更快、更全面地提高自己的组织能力，为今后从事类似的工作打下坚实的基础。

【例题 2】在近来的行风评议中，群众对你单位意见很大、评价不好，领导决定让你组织一次旨在提高本单位形象的活动，你打算怎么做?

【出题思路】通过完成活动的组织，考虑应试者计划、组织与协调能力。

【答题要点】导语+三个环节（查找原因、组织活动、形成报告）

【参考答案】

行风评议是社会各界对单位工作作风、办事效率、服务意识的评价。在这次行风评议中群众有意见，评价不好，直接影响到单位的形象，应该引起高度重视。所以，我一定会根据领导的指示认真地组织好这次活动。

1. 认真分析原因，拟定活动计划。明确活动的时间、地点、形式、内容和要求。

2. 实施。组织大规模的公开服务活动，以“内强素质、外树形象”为主题，在繁华地段设立服务台，宣传各窗口单位的办事依据、程序、时限等服务承诺，现场解答群众的提问，能解决的事项现场解决，增强社会各界对本单位的了解，彻底扭转在人民群众中的不良印象。

3. 活动过后，要将活动情况写成工作报告，并提出以后加强行风建设的意见和建议，送领导参阅。今后要将行风建设作为一项长期任务常抓不懈，形成长效机制。

【例题 3】单位组成一个调研组到基层调研，由你负责，你有什么打算?

【出题思路】通过组织实施调研活动，考察应试者计划、组织与协调能力。

【答题要点】导语+三个环节（调研方式、调研内容、调研报告）

【参考答案】

导语：调研的目的是为领导决策提供参考和依据，是完成好工作的基础。领导将调研组的工作交由我负责，是对我的信任，也是对我组织能力、协调能力、决策能力的考验，我一定会积极努力，认真完成任务。

1. 制定方案。方案的主要内容包括调研的重要性、必要性和目的，调研课题，调研的时间、地点、形式、对象、方法等。向有经验的老同志请教，拟好方案后呈报领导审阅。

2. 实施调研。组织参加调研组的人员召开会议，宣布分工和调研活动的安排，明确职责、任务到人。调研期间，要深入实际、深入基层，掌握第一手资料，确保资料的真实性、广泛性、针对性和代表性。及时处理调研中遇到的问题，每个阶段的工作进度及时向领导汇报，让领导掌握进度、了解情况、便于指导，使调研工作得以正常、有序开展，达到预期目的。

3. 总结。调研活动结束后，及时写出调研报告，对在调研中发现的问题提出有针对性的建议和对策，为领导决策提供参考。同时对此次调研活动认真进行自我总结，找出差距，不断提高自己的业务水平和工作能力，以便今后更好地开展工作。

【例题 4】外市兄弟单位组成考察团，准备到你单位学习，上级指派你负责接待工作。请问你打算怎么做？

【出题思路】通过对接待工作的组织安排，考察应试者计划、组织与协调能力。

【答题要点】导语+三个环节（接待方案、具体接待、总结）

【参考答案】

个性导语：外市兄弟单位到我单位考察，这是展示我市及我单位良好形象的机会。领导将此任务交给我，我感到责任重大，任务光荣，这是领导对我的信任，也是我锻炼协调能力、组织能力的一次机会，我要尽最大的努力做好本次接待工作。

1. 了解考察团的组成情况，制定接待方案，明确时间、地点、日程、食宿、车辆、参观考察路线等安排。将接待方案交领导审阅。

2. 考察团来了以后，按计划热情接待，对于对方提出的要求，自己能解决的立即协调解决，不能解决的，及时向领导报告，按领导的指示处理。总之，要让客人高兴而来，满意而去，圆满完成本次接待任务。

3. 做好此次接待工作的总结、汇报，梳理经验与不足，提升个人能力。

二、常见题型作答参考

1. 随着生活水平的提高，人们对“绿色文化”越来越重视。你所在的部门将针对“绿色文化”开展一次研讨活动，由你来负责，请问你如何组织？

【参考答案】

（1）准备阶段：

首先，我要认真了解“绿色文化”的定义，加深对“绿色文化”的理解；其次，制定研讨计划，报请领导批准之后，按照计划执行。

（2）执行阶段：

1）按照计划的流程，先组织大家进行实地考察，让大家体会到建设“绿色文化”的重要性；播放一些具有实际指导意义的影视片，拓展大家的眼界和思路，深化对“绿色文化”的认识和理解。

2）认真学习相关文件，领会文件的精神，结合实地考察举办研讨会，并做好讨论现场的实录工作。

3）在会议研讨中，及时与会务组保持联系和沟通，保障与会人员的安全和健康，确保研讨会的顺利进行。

4）会议结束后，及时做好汇报总结工作。

2. 外地的同行要来本校学习，领导把接待任务交给你去落实，你怎样做？

【参考答案】

首先，我会制订详细、周密的接待计划，报请领导批准。其次，领导批准了接待计划后，严格按计划执行。

（1）成立接待小组，明确分工，责任到人。根据来学习的人数和学习的内容，制定日程表。落实接待活动所需要的资金和车辆、预订好宾馆。期间与对方保持联系，以防止时间和计划出现变动。

（2）根据对方到达的时间和方式，安排车辆及时迎接，并送达到既定的宾馆内。

（3）向组队前来学习的负责人介绍学习过程和生活等方面的安排，并征求带队领导的意见。

（4）安排一个欢迎仪式，请学校有关领导出席并致欢迎词。按照日程安排，引导对方到指定的地点进行参观、学习、交流经验。

（5）在学习结束后，举办一个小型欢送会，及时将客人送往机场或车站。接待工作完成后，以书面形式向领导如实汇报接待情况和对方学习情况，为以后开展类似工作积累经验。

3. 某单位为帮助边远山区的贫困学生，准备组织文艺团体到延安革命老区义演，如果由你负责，请问你将如何策划？可能会发生什么困难，你如何解决？

【参考答案】

（1）具体策划：

1）首先听取领导的意见，遵照领导的指示执行。

2）组织义演活动领导小组，与相关文艺团体接洽沟通，具体分工，责任到人。

3）与延安教育、文化部门联系沟通，选定义演的地址，敲定义演的时间。

4）选定参加义演的人员和节目，进行彩排，保证义演节目内容健康、形式丰富多彩。

5）成立后勤服务小组，为所有参与义演活动的人员提供后勤服务。

6）成立安全保护小组，制定安全保护工作方案和突发事件处理方案。

（2）估计可能发生的困难：

1）义演工作人员突然无法到位。

2）天气变化对义演工作的影响。

3）义演款项的管理和使用问题。

4）其他突发事件的发生。

（3）解决办法：

1）按照实际情况，安排必要的候补演职人员。

2）根据当地地理环境和天气变化特点，做好相应的准备，或调整义演时间。

3）制定严格的财务管理监督制度，合理使用义演款项。

4）与当地公安、医疗部门联系，确保突发事件得到及时、有效处理。

4. 某公园门口有许多商贩摆摊，方便了游客和附近居民购物，但那是一条交通要道，经常引起拥堵。如果你是这个区域的城管负责人，请问你如何处理这一矛盾？

【参考答案】

（1）深入了解和正确认识商贩摆摊与交通拥堵的相关情况，通过认真调研，制定解决方案，并征求领导的意见。

（2）按照地形路段特点，与市政部门联系，进行协商，就具体措施达成共识。

（3）划定既方便居民、游客又不阻碍交通的地点，让商贩摆摊，并制定具体的规章制度，加强对商贩的管理。

（4）问题解决以后，向领导如实汇报情况，并认真总结经验教训。

5. 由你负责组织一项活动，但是参与的几个部门相互之间有矛盾，你怎么办？

【参考答案】

（1）部门之间有矛盾，肯定会影响这次活动的顺利开展，要想法尽快加以解决。

（2）首先对矛盾的原因加以认真分析，然后提出相应的解决措施。

（3）如果是工作上的问题，我会找合适的时机，采取座谈的方式，请大家一起协商解决；如果是部门之间缺乏沟通交流，我会创造机会让他们在活动前以适当的方式充分交流，也可利用这次活动直接进行沟通，从而消除他们之间的矛盾。

6. 两周后上级要来检查防火、防盗、防泄密工作，如果你是本单位这三项工作的负责人，将怎么安排？

【参考答案】

（1）迎接上级领导的检查非常重要，我应该积极准备。

（2）召集本单位防火、防盗、防泄密工作相关人员开会，传达上级领导有关工作的指示精神，布置具体工作。

（3）组织本单位演练和自查工作，检查相关制度、人员与设施的落实情况，及时发现问题、解决问题。

（4）对自查结果在单位内部进行一次通报，公开发现的问题和相关责任人，督促大家重视这次检查工作。

（5）做好上级领导检查的接待工作，将自查情况与材料汇总成册，确保上级领导能够方便、快捷地查阅。

（6）及时做好总结。

7. 你在妇联工作，单位让你负责准备与媒体联合调查妇女权益保护情况。你该如何组织？

【参考答案】

（1）制订调查计划。包括调查的形式、内容、范围，调查对象所涉及的行业，调查人员的组成，调查所需资金等，以确保调查具备较高的代表性和可信度。

（2）进行调查前的准备。根据调查计划，组织并培训调查人员；与财政部门联系，落实调查所需资金；与媒体朋友做好协调配合工作；制作调查问卷。

（3）开展调查。派遣调查员深入社区、企业、工厂发放调查问卷；召开座谈会，以面对面的方式得到第一手资料。在实施过程中要注意联络协调，确保调查顺利进行。

（4）回收调查问卷并做好总结。根据调查问卷和座谈会的情况，写出调查报告，呈送领导审阅。联系媒体，呼吁社会关注对妇女权益的保护，及时以视频、文字等多种形式向社会公布调查结果。

8. 如果你进入一个新的单位工作，应该熟悉哪些情况？你准备如何去熟悉？

【参考答案】

（1）熟悉新的工作环境，包括各个科室的位置等。遇事多问，勤走动。

（2）熟悉各部门的主要业务。进行系统的学习和了解，特别是尽快熟悉所在部门的业务。

（3）熟悉单位的文化和人际关系。了解单位的历史和现状，熟悉各个科室的领导和同事，建立良好的办公室关系。

（4）熟悉新的工作制度、程序和方法。积极工作，在实践中锻炼。

9. 作为市场监管负责人，对市区出现的自发市场，你如何对待？

【参考答案】

（1）自发市场的形成，说明群众有客观上的需求，因此不能一味地禁止。

（2）认真调查研究，尤其要听取群众的意见，在此基础上采取相应措施。

（3）如果群众确实很需要这个市场，那么就需要向上级领导请示，争取把自发市场规范化，在附近设立专门的市场区，并加大服务与管理力度。

（4）如果自发市场弊大于利，则坚决取缔，同时要向群众作好解释说服工作。

10. 如果你手头上的工作已经非常繁重，领导又安排了其他任务给你，你怎么办？

【参考答案】

（1）领导安排任务给我，这是对我的信任，也是对我工作能力的肯定，我一定不辜负领导对我的期望。

（2）在手头工作非常繁重的情况下，领导又分配给我其他任务，我要认真衡量工作的轻重缓急，作好切实可行的规划。经过认真规划之后，如果加班加点也很难完成领导安排的工作，这时候我就要如实把情况告诉领导，建议增派人手，或者请求领导把其中一些任务分给其他同事。如果领导不同意，坚持要我来做，我只能听从领导的安排，按照轻重缓急，首先完成重要紧急的工作，然后再去完成其他的工作。

11. 单位要在网站上开展一项群众意见调查，假如由你负责，你该如何做？

【参考答案】

我会根据调查工作的一般流程，从以下几个环节展开。

（1）根据调查目的，制定调查计划。包括调查的形式，调查的内容，调查的范围，调查对象所涉及的行业，调查人员的组成，调查所需资金等，以确保调查具备较高的代表性和可信度。

（2）进行调查的准备。根据调查计划，组织并培训调查人员；与财政部门联系，落实调查所需资金；与宣传部门协调，利用媒体发布调查信息；与网站联系，请他们协助进行调查；聘用专业人员设计高水平的调查问卷，制作调查问卷。

（3）实施调查。在网站技术人员的帮助下把调查问卷发布到网上；在实施过程中注意联络协调，确保调查顺利进行。

（4）调查总结。要及时回收调查问卷，进行专业的分析，写出总结报告，呈送领导审阅。

12. 假如你是某单位的一名工作人员，今天共有以下 5 件事情要你处理，你准备怎么办？

（1）参加环境综合整治会议，并作会议记录，约 2 小时。

（2）有一封重要的信件需要进行情况核实，并限时（当天）汇报。

（3）安排和组织接待外地对口单位 5 人，约 1 小时。

（4）整理工作情况，编印《情况反映》，当天要发至各处室，需 3 小时。

（5）下班前领导召集紧急会议，临时交办事项若干，办完约1小时。

【参考答案】

面对这种情况，我会按照事情的轻重缓急来进行处理。

第一，如果参加环境综合整治会议和接待外地对口单位在时间上不冲突，我会按照时间安排的先后顺序进行处理。如果二者在时间上冲突，我会委托同事先去接待外地的同志；待自己开完环境综合整治会议之后，再去完成接待工作。

第二，核实重要信件的情况，并立即汇报。

第三，利用中午时间，加班加点，整理工作情况，编印《情况反映》，务必在下班之前及时送至各处室。

第四，下班前领导交办了重要事项，我应该加班加点，把领导交办的工作完成好。

第四节　应急事件处理能力类

一、答题思路

这类试题主要考察应试者在有压力的情况下，迅速思考问题、分析问题、解决问题的能力。应急事件处理能力类题型是公务员录用和事业单位公开招聘面试中的常见类型，通常把应试者放在一个非常紧急而又艰难的环境下，要求迅速作出反应，找到解决问题的合理方法。重在考察应试者面对突发事件是否具有快速反应以及处置的能力，解答这类题目，需要把握以下两个方面。

第一，了解事件的紧急性和艰巨性。这类题型假设的情况容不得我们慢慢分析、思考、准备，通常是刻不容缓，需要尽快作出反应。同时事件通常有一定的难度，比如突发状况，导致工作无法进行；突然发生一些人为或自然的灾难等。应试者面对这种考题，一定要进行冷静、理智分析。

第二，明确应对和解决问题的步骤。针对此类题目的特点，我们在回答时要掌握基本的步骤，即冷静面对——尽可能控制好局面——尽快解决问题——事后认真总结反思。

【例题1】如果这次考试中没有被录用，你怎么打算？

【出题思路】通过观察应试者是否能正确面对失败，考察其遇到挫折后的心态和应变能力。

【答题要点】说明自己如何面对失败，重在表现积极向上、不轻言放弃的乐观心态。

【参考答案】

现在是一个竞争的社会，有竞争就会有优胜劣汰，有成功就会有失败，成功的背后往往有许多的困难和挫折，只有通过失败经验的积累才能塑造出一个真正的成功者。如果这次未被录取，我会从以下几个方面来面对失败：

第一，敢于面对。我已经为这次考试尽了最大的努力，经历了这次失败之后，我收获了宝贵的经验，相信通过努力我下次一定能行。

第二，善于反思。没有被录用，说明我还有做得不够好的地方，我会认真总结不足，从自身找差距，继续完善和提高自己。

第三，继续努力。虽然没有被录用，但我会认真地规划下一步的学习内容，为下一次成功作好准备。

失败乃成功之母，我相信只要坚持不懈，不气馁、不退缩、不放弃，勇往直前，就一定会成功。

【例题 2】通过这次面试，我们认为你不适合本单位的工作，决定不录用你，你有什么想法？

【出题思路】针对突发事件的心理准备和机体反映，考察应试者的应变能力。

【答题要点】分析自己失败的原因，表达对未来的憧憬。

【参考答案】

1. 在这次面试中，我不被录用，原因可能有两个方面：一是面试表现不够好。我是第一次参加面试，心里紧张，没有发挥出自己的最佳水平；二是临场发挥欠佳。我之所以没有得到各位考官的认可，是因为没有展现出与这个岗位要求相适应的素质和能力。

2. 无论是因为什么原因，这段经历将为我提供一个自省的机会，说明我的确还存在很多不足。临场经验的缺乏和知识储备的不足是失败的主要原因，我会在以后的学习中努力提高自己，完善自己。

3. 最后还想说明一点，我认为面试结果是实力与运气的体现，短短20分钟，并不能全面展现一个人的素质和能力。我只能在这短暂的时间内，尽可能展示自己的优势和闪光点，没能表现出来的并不代表我不具备，所以，我依然对自己充满自信，只要是金子总会发光的。

二、常见题型作答参考

1. 航班延误，旅客情绪大，你作为机场工作人员应该怎么办？

【参考答案】

（1）作为机场的一名工作人员，首先，我要保持冷静的头脑，不能因为出现紧急情况而心慌着急、自乱阵脚。我会尽快采取有效的措施，如安抚乘客的情绪，通过广播对旅客进行解释并作出相应的承诺等，让旅客理解。

（2）其次，我会进一步采取的措施缓和局势。如在候机大厅里播放舒缓的音乐，组织人员为航班延误的旅客提供餐饮服务等。通过这些措施，一方面疏导旅客的情绪，减少解决问题的难度，另一方面也为解决问题赢取宝贵的时间。

（3）再次，我会尽快了解旅客的各种需要，提出解决建议，向主管领导请示汇报。取得领导同意后，立即落实，确保旅客满意。比如，有些旅客可能有急事、赶时间，我会尽力为他改签其他航班；如果有外地旅客，住宿不方便，我会尽量为他们联系饭店。总之，我相信只要切实做好旅客的安抚工作，满足他们合情合理的要求，大家会理解并支持我们工作的。

2. 单位组织一次内部业务培训，由你负责，但参与培训的人员经常缺课，你该怎么办？

【参考答案】

（1）针对有人经常缺课的现象，首先要查找原因，分清情况，然后作相应处理。

（2）和授课老师沟通交流，增强课程吸引力。

（3）向领导请示建立相应的考核机制，在培训结束后进行考核，以提高大家参与培训的积极性。

（4）对经常无故缺课的人员及时给予批评，组织他们补课，并定期组织大家学习、交流，增强培训内容的针对性和互动性。

3. 单位要组织一次会议，本来是由老王负责的，结果老王临时有事，领导把这个任务交给了你。你接手后发现准备工作有许多不足的地方，你将怎么办？

【参考答案】

（1）老王有事，领导临时把这项工作交给了我，说明领导对我的信任和肯定，我会保证完成任务。

（2）我会认真和老王交接工作，详细了解会议准备的情况和进度，研究会议组织工作的计划和安排。如果我发现准备工作有不充分的地方，将及时和老王沟通，尽快弥补和完善。

（3）根据会议的性质和要求，按照领导指示，制定会议方案。报请领导审批后，根据方案认真进行会议准备和组织实施。

4. 当你正在向社会发布一项重要信息时，突然有人说该信息未经证实，群众情绪激动，你如何处理？

【参考答案】

（1）迅速冷静下来，理性地面对并正确处理。

（2）让身边的同事迅速向领导报告，并请有关人员迅速核实这个信息的真实性。

（3）暂停这个重要信息的发布，安抚在场群众的情绪，请他们少安毋躁，及时发布经过核实的信息，以转移群众的注意力。

（4）在经过核实后，我会把这个信息重新向公众公布。如果之前确有疏漏之处，我会真诚道歉，请求群众的谅解。如果没有任何疏漏，与核实后的信息是一致的，我会进一步向群众表明政府发布信息的原则、立场和态度，请群众不要相信别有用心之人的煽动和误导。

（5）信息发布结束以后，如实地把相关情况向领导报告。

5. 在执法中，如果遇到暴力抗法，你会怎么办？

【参考答案】

第一，作为一名执法人员，在执法的过程中一定要依法行政、依规执法。这是解决问题的前提。

第二，遇到上述情况，我会沉着冷静，一定不能以暴制暴。对于暴力抗法者，我会耐心向其进行法制宣传，讲解国家有关法律、法规，告知对方暴力抗法是违法的，是要承担法律责任的。

第三，如果暴力抗法者仍然无法冷静，继续采取暴力抗法，我会立即向公安部门报警，请求对其进行依法处理，同时会注意保护好自己与同事的人身安全。

作为一名执法者，必须要具备依法行政、依规执法的意识，时刻保持理智、冷静，临危不惧。

6. 你去某地出席重要会议，但是由于种种原因飞机不能起飞，你怎么处理？

【参考答案】

（1）碰到这种情况，我要冷静、妥善地处理。

（2）先与机场工作人员取得联系，了解飞机不能起飞的原因及起飞的准确时间。如果因飞机故障、气候原因，飞机未能按时到达，看可否改签，尽可能按时参加会议。

（3）如果无法按时到会，要立即向单位领导详细汇报情况，请求领导指示。

（4）与会议组织方取得联系，说明情况，表示歉意，并把自己的发言材料通过电子邮件等方式传送过去，请其安排他人代为发言。

7. 如果你负责一个展览活动的现场工作，参观的人数比预期多很多，你将怎么处理？

【参考答案】

（1）碰到这种意外情况首先要冷静。

（2）及时向主管领导汇报情况，请求领导增派工作人员。

（3）加强安全保卫工作，防止展览活动中出现展品丢失、人员安全隐患及其他意外事件的发生。

（4）做好参观人员限制与分流工作，必要时，应向领导建议暂停展览或采取限制人流的措施。

8. 假设由你负责组织一次培训，在培训开始前一天晚上，专家打电话来说有事耽搁，不能按时前来，你准备怎么处理？

【参考答案】

此种情况经常会发生，处理这种情况一般是调课或更换老师，要有备选课程或由应急老师接替。

（1）迅速与专家沟通，向专家表明这次培训的重要性，建议其按时到会讲课。

（2）如果专家确实不能按时赶来，那么应当确定对方到场的时间，如果不是很晚，可以在第二天先行安排其他培训内容。

（3）如果专家耽误的时间比较久，则考虑联系其他专家授课。

（4）如果不能够联系到其他专家，征得领导同意后，可将后面的课程向前调整，确保培训顺利进行。

9. 你和领导去参加重要会议，路上被上访群众拦住，你将如何处理？

【参考答案】

（1）能当场解决的，尽可能当场解决。若涉及面大，需了解全面情况或协调其他部门，可先收下群众的上访材料，留下具体的联系方式，待情况明晰，解决的具体方案成熟后，尽快与群众代表沟通。

（2）如果情况允许，做好必要的解释说明工作，承诺对群众反映的问题迅速作出调查处理。

（3）如果群众不愿离去，要保证领导能够按时参加重要会议。自己留下通知相关人员到场协调处理此事，在处理完毕之后迅速赶往会场。

10. 位于主干道附近的一个装有危险化学品的仓库发生爆炸，你是现场的指挥人员，请问你如何处理？

【参考答案】

（1）要按照突发事件应急预案进行处理，紧急启动应急预案。

（2）紧急协调消防、公安、医院、路政、街道各部门的工作。

（3）坚持以人民为中心、生命至上原则，紧急疏散周围的群众。组织消防部门救火，把困在火中的群众及时解救出来；组织医疗机构紧急开展抢救工作，确保群众安全；公安部门做好安全保卫工作，协助群众有序撤离。

（4）组织引导好舆论宣传，及时发布权威信息。

（5）做好思想政治工作，派出心理干预专家，对群众进行心理疏导。

11. 节假日你在值班时，接到报告辖区一处山林着火，且有几位群众被困，请问你怎么办？

【参考答案】

（1）安排好代班人员，立即赶赴事发现场，并及时向领导汇报，同时尽快告知消防、公安、卫生、林业等相关部门到场。

（2）到达现场后，立即协调相关部门组织救火、抢救伤员、维护秩序、安抚群众。

（3）领导到达现场后，简要向领导汇报现场情况，协助领导组织指挥、传达指令，协调相关事项，并做好消防物资调运等后勤保障工作。

（4）火情消除后，协助领导做好善后事宜。

12. 你正在办公室接待一批情绪比较激动的上访人员。这时，上级领导 15 分钟后要到你部门视察工作，你将如何处理？

【参考答案】

（1）这时我会保持冷静，而不会惊慌失措。

（2）记录好上访人员反映的情况和要求，安抚好上访人员的情绪，并承诺在一定时间内给予答复，劝说上访人员先回家。

（3）请上访人员在一定时间以后派代表到办公室协商处理，或者我直接上门去解决问题。

（4）将上述处理意见及时向领导汇报。

13. 你正在赶往某个紧急会议的路上，而此时单位有重要的事情要你负责处理，怎么办？

【参考答案】

在实际工作中，有时会碰到这种情况。对此，我会冷静处理，争取做到参会与处理工作两不误。

（1）我会在电话里详细了解单位需要我处理什么事情，了解是否可由其他同事来代为处理。如果可以的话，立即打电话请其他同事代为处理。如果必须由我亲自处理，那就需要了解这件事情的紧急性，如果不是非常紧急，我会在开完会之后尽快赶回单位处理。

（2）如果事情非常紧急，并需要我立刻回单位处理，我会马上和会议负责人取得联系，告知情况，并做好解释工作，安排其他同志代为开会。在此之后，我会及时了解会议进程，认真阅读会议简报，领会会议精神。

14. 如果你的同事生病住院急需你送去住院费，同时你要参加与外商的谈判，外方人员已经到场，你怎样处理？

【参考答案】

（1）表态：碰到这种意外情况要妥善处理，争取两不误。

（2）我将按时参加与外商的谈判，在此之前通过转账或微信，将住院费转往医院账户，由生病同事的亲属或者其他同事负责办理住院具体事宜。

（3）在谈判结束之后，马上电话询问同事病情及诊治情况，之后立刻赶往医院探视，当面解释情况并安慰同事，尽力帮助对方解决住院难题。

15. 在一次招商引资的签约现场会上，领导要你拿出准备好的合同时，却怎么也找不到合同，你怎么办？

【参考答案】

（1）保持冷静，请领导和外商进一步商谈细节。

（2）在现场紧急寻找，找到合同则递给领导。

（3）如果现场找不到，打电话让同事紧急送过来，或将合同传真或发送电子邮件至签约现场。

（4）事后向领导道歉，自我批评，总结教训，确保不再发生此类事情。

16. 下级单位有人来你们单位办事，只有你一个人在办公室，而你对该项工作并不熟悉，你怎么办？

【参考答案】

（1）热情接待对方。

（2）认真记录下级单位要办的事项和具体情况。

（3）打电话给熟悉该项工作的同事，向其说明情况。

（4）如果我有办理权限，应向同事询问如何办理。在了解流程后，积极主动地帮助下级单位来人办理。

（5）如果该项工作必须由同事亲手经办，我将问清楚同事回来的时间，并向来人说明情况，请其耐心等候。

第五节　情绪控制能力类

一、答题思路

这类试题主要考察应试者在较强刺激情境中，表情和语言是否自然，在受到有意挑战甚至羞辱的场合能否保持冷静，在遇到上级批评指责、工作压力或是个人利益受到冲击时能否克制、容忍、理智地对待，是否因情绪波动而影响工作，是否工作有耐心、韧劲。

【例题 1】你的同事经常向领导汇报工作，领导经常表扬他，而时常对你提出批评，你感到十分委屈。对此，你有什么想法？又怎么办？

【出题思路】考察应试者能否正确对待批评与表扬，以及控制自身情绪的能力。

【答题要点】题中有两个问题，“怎么想”和“怎么办”。“怎么想”强调无论是领导对同事的表扬还是对自己的批评，都用一种平和、理智的心态去处理，既不妒忌同事又不埋怨领导。“怎么办”就是反思与沟通，寻找原因，解决问题，多找自己的问题，少找客观的理由。当然，最后还要扬弃，要阐明自己不因为暂时的“受委屈”而影响工作的热情，会努力做好工作，用成绩证明自己。

【参考答案】

首先，如果遇到这种情况，我会保持冷静，以良好的心态，坦荡的胸怀正确对待批评与表扬。

其次，要认真反思、分析原因：第一，是否存在嫉妒心理，同事是否确实有值得我学习的长处。第二，如果我还没有意识到自己存在的不足和问题，应当抓紧克服缺点，改正错误。第三，如果工作方式方法确有不妥，应当在适当的时候主动向领导汇报工作情况，交流思想，接受领导的批评、指点和帮助。

最后，我不会因为发生这样的事情而影响工作的积极性，破坏与同事的关系，我会认真学习，努力工作，用自己的成绩来获得领导和同事的认可。

【例题 2】你参加工作不久，就很受组织的重用，有的同事对你不服气，对此，你怎么办？

【出题思路】考察应试者能否综合客观评价自己，正确分析看待同事，以及自我控制情绪的能力和协调技巧。

【答题要点】面对这种情况，需要有理智平和的心态。用正确的心态破题：一方面，组织对我重用，应该表示感谢；另一方面，要认识到，同事对我的不服气，在工作中是难免的。运用八字方针解题，先冷静，再反思，然后寻找对策，最后扬弃。重点是反思与寻找对策，多从自身查找原因。

【参考答案】

组织对我重用，是对我工作能力的肯定，我一定不会辜负领导和同志们对我的期望与支持，继续努力工作。一些同事对我不服气，这是正常现象，对此，我将采取以下方式处理：

第一，自己受到重用并不意味着什么都比同事优秀，尺有所短，寸有所长，“骏马行千里，犁田不如牛”“坚车能载重，渡河不如舟”，自己可能在许多方面不如同事。因此，我一定要加强学习，完善自我，谦虚谨慎，戒骄戒躁。不能因为我受到重用就沾沾自喜，自我陶醉。

第二，思考是否由于自己工作方式方法不妥，而引起同事的不服气和误解。如果是这个原因，我要多和同事沟通交流，争取得到理解、帮助、支持。

第三，我在今后的工作中，不会因为同事对我的不服气而疏远他，而是要走近他，真心实意与同事主动搞好团结。

总之，我一方面要严格要求自己，大胆工作，另一方面要加强与同事的团结合作，处理好人际关系，低调做人。努力做到领导信任、同事支持、群众满意。

【例题 3】你的一位领导工作能力不如你，又刚愎自用。对此，你怎么想？打算怎么办？

【出题思路】要求应试者能正确地评价自己和他人，同时具有较强的为人处事能力。

【答题要点】此题有两问：一是问“怎么想”，考察应试者对领导工作能力不如自己抱有的心态；二是问“怎么办”，要求应试者能正确地评价自己和他人。

回答这类问题，都应当本着一个最基本的出发点，那就是下级服从上级。尊重上级是工作的基本原则，上级不会十全十美，难免有一些缺陷，这是正常的，关键是我们要学习领导的优点。

【参考答案】

第一，领导工作能力不如我，有可能只是我狭隘的看法。“寸有所长，尺有所短”，就算真不如我，也要有一个平和的心态。领导之所以能成为领导，必然有其过人之处。要成为一个领导，不能只是有某方面突出的工作能力，还要有科学的领导方法和高超的领导艺术，具备人际交往能力、沟通能力，具有丰富的工作经验和社会阅历等，我要做的就是多向领导学习，用别人之长补自己之短，服从领导，尊重领导。

第二，领导有些刚愎自用，这不影响他对我工作的领导。在工作中，如果不是原则上的问题，我会包容和理解，如果触及原则问题，我会在恰当的时机和领导交流沟通。在日常工作中，我一定要注意维护好领导的权威。

二、常见题型作答参考

1. 现在的大学生往往是会说的不会做，会做的不会说，我们认为你也有这种夸夸其谈、不够脚踏实地的特点。对此你有什么想说的?

【出题思路】设计一个应试者被误会、曲解的情况，来考察应试者在面对否定与反对时，如何控制自我，进行说服解释的能力。

【参考答案】

高分回答：镇定自若，能客观冷静地分析自己的优缺点，从容地回答问题，并消解考官对自身的怀疑。

一般回答：神情有些紧张，但基本能组织语言为自己澄清与解释，说服考官。

低分回答：非常紧张，虽极力辩白却无说服力，或违背事实向考官承认自己实干精神差，使用“今后一定努力改正”等自我否定的话语。

2. 我们从侧面对你的情况进行了解，有人反映你曾经在考试中有作弊行为，只不过未被当场发现而已，是这样的吗?

【出题思路】有意给应试者施加一个虚拟情境，使应试者感到愤怒、受侮辱，考察应试者如何应付这类刺激较强、易于产生情绪反应的局面，如何对付与己不利的谣言等。

【参考答案】

高分回答：镇定自若，情绪稳定，能冷静地分析自己所面临的问题、情况，向考官们澄清事实。

一般回答：情绪稍波动，而后能控制住，稳定下来，平静地向考官解释清楚。

低分回答：情绪激动，极力否认，争辩，甚至诅咒、谩骂考官等。

3. 我们必须慎重考虑是否聘用你，因为我们感到你对这一职位缺乏足够的诚意，听说你同时应聘了好几份工作？

【出题思路】设计一个虚拟情境，考察应试者在处理有关自身不实评价甚至诽谤性事件时能否自我控制、冷静分析处理的能力。

【参考答案】

高分回答：情绪稳定，冷静地分析问题并作出解答，能化不利情境为有利情境。

一般回答：有情绪化的表现，而后能控制住，作出较为合理的回答。

低分回答：情绪激动，极力辩解，语无伦次。

4. 从你提交的文字材料来看，你的条件很不错。可从实际的面试来看，你的表现并不出众，远非材料上描述的那么好。我们听说高校中有这样一种情况：只要和班主任或辅导员的关系好，毕业鉴定都会被写得很好，你是否也属于这种情况呢？

【出题思路】通过设置一个压力情境，考察应试者在处理压力、不利情形以及负面评价时所表现出的情绪稳定性。

【参考答案】

高分回答：情绪平稳，既有自信，又不过分抬高自己，能客观正确地评价自己以及面试的表现。对考官的发问能作出较从容与合理的解释。

一般回答：情绪略有些紧张，对考官的提问尚能作出合理的解答。

低分回答：情绪很紧张，语无伦次，回答没有条理。

5. 我们单位女性比例比较高，你所报考的部门现在都是女性，所以我们非常倾向于聘用一名男生。现在与你共同竞争的有几名男生，你被聘用的可能性很小，你是否认为这是一种不平等现象？请谈谈你的看法。

【出题思路】给应试者制造一种压力情境，考察在面对危及切身利益的压力情境时，应试者的自我情绪控制能力。

【参考答案】

高分回答：镇定自若，既能客观全面、平和地表明自己的看法，也能抓住机会适度地表现出自己的优势。

一般回答：基本镇定，但看法不够客观全面。

低分回答：情绪激动，或一味偏激地表示不满，或被动承受。

6. 你对我们在座的各位考官有何评价？

【出题思路】通过对应试者提出一个有危险性、难以回答的问题，考察应试者处理棘手问题时的情绪控制能力。

【参考答案】

高分回答：情绪镇定，巧妙地回避焦点问题，正面回答，尽量具体，反应自然、合理，语言幽默。

一般回答：情绪基本稳定，但语言空洞乏味。

低分回答：情绪紧张慌乱，表现出难以应对，或作出单一的是与非的判断。

7. 我们感到你是一个心气很高，抱负很大的人，报考这个岗位，只不过是一个跳板而已，我没有说错吧？

【出题思路】本题所设计的是一个虚拟情境，通过向应试者提出一个较尖锐的问题，考察应试者在处理有关与自身不符的评价甚至诽谤性事件时自我控制、冷静处理的能力。

【参考答案】

高分回答：情绪稳定，冷静地分析问题、作出解答，能化不利情境为有利情境。

一般回答：起初情绪出现波动，而后能控制住，作出较为合理的问答。

低分回答：情绪激动，极力辩解，语无伦次。

8. 你认为我们录用公务员的面试方法有哪些弊端？

【出题思路】此题并非要求应试者如实谈出面试的弊端所在，主要考察应试者面对产生冲突与不愉快的情境时，对自我情绪的控制能力。

【参考答案】

高分回答：情绪稳定，冷静地分析问题、作出解答，能化不利情境为有利情境。先从正面回答面试的好处，如面试是能力要素的测试，是选拔人才的最有效方法之一，可以弥补笔试的不足，更具有针对性、科学性和真实性等。然后可以提出一点到两点可以改进和完善的地方，比如过于强调公平性容易模式化，不同岗位应采取不同的面试方式和内容等。

一般回答：起初情绪出现波动，有激动的表现，而后能控制住，作出较为合理的回答。

低分回答：情绪激动，语无伦次，表现难以回答此类问题，或认为没有什么弊端，或不顾及面试的实际情境，夸大弊端等。

9. 就目前的情况看，我们认为你的条件不符合聘用标准，建议你重新考虑一下个人的志愿。

【出题思路】有意给应试者施加压力，从中考察应试者在自身利益受到威胁的压力情境下的自我情绪控制能力。

【参考答案】

高分回答：情绪稳定，基本不受考官制造的压力情境的影响，仍自信地列举自己的优势和能力，以说服考官。

一般回答：情绪略显激动，但很快趋于稳定，对自己基本上抱有信心。

低分回答：显得紧张并急于进行解释或表现得沮丧，对自己完全失去了信心。

10. 你有哪些缺点？请列出几条。

【出题思路】采用声东击西的方法，给应试者施加压力，以考察应试者的自我情绪控制能力。

【参考答案】

高分回答：情绪稳定，不慌乱，客观地分析自己的优缺点，充满自信。

一般回答：情绪稍有激动后，基本稳定，对自己的分析不够客观。

低分回答：慌乱或不知所措，沉不住气，言辞激动地辩解。

11. 你亲身经历过的哪一件事令你最为愤怒？你当时是如何表现的？现在看来，你认为当时的表现方式与处理方式是否合适？

【出题思路】考察应试者的自我情绪控制。一个人的情绪特征具有一贯性，能自我反省与认识情绪是进行情绪自我控制的条件之一，通过了解应试者当时的情绪反应以及事后对情绪反应的认识，来预测其情绪控制能力。

【参考答案】

高分回答：对事件及情绪反应的描述自然真实，既不蓄意隐瞒，也不刻意渲染，对过去的反应有清醒的认识与深刻的思考。

一般回答：对情绪反应有一定的认识与思考，但分析不够深刻。

低分回答：仅强调当时的表现反应，事后未作过多的思考，或回答没有什么值得愤怒的事，隐瞒真实情况。

12. 你的领导出于某种原因，当众对你进行了不公正的批评。你将怎样对待此事？

【出题思路】设计一个压力情境，考察应试者情绪的稳定性及应对能力。

【参考答案】

高分回答：首先要保持情绪稳定、不能激动。其次，结合自己及当时的实际情况，找出领导批评自己的可能原因。最后，作出适当的反应。

一般回答：对领导的不公正批评能作出合理的分析，并采取相应的措施。

低分回答：对领导的不公正批评无动于衷，或控制不住自己的情绪，马上进行反驳。

13. 经过刚才的面试，我们认为你的表现不是很理想，不太适合你所争取的职位。对此，你有什么要说明的吗？

【出题思路】通过有意识给应试者施加压力，考察应试者在面临不利情况时的自我情绪控制能力。

【参考答案】

高分回答：应试者情绪稳定，反应敏捷，对自己有正确的评价，并能突出自己的优势，变被动为主动。

一般回答：应试者情绪较稳定，可以较从容地应答，但带有受挫感。

低分回答：应试者情绪较不稳定，或消极应答，或急于解释。

参考文献

一、期刊、网络

1.《党政领导干部选拔任用工作条例》（2019）问答［J］. 党员干部之友，2020（06）：64.

2. 辛颖. 党政领导干部选拔任用模式探析［J］. 决策探索（下），2020（07）：43.

3. 王志强. 新时代领导干部选拔任用机制优化的若干思考［J］. 中国行政管理，2019（12）：146-147.

4. 刘丽娟. 内部竞聘，要合规合理［J］. 人力资源，2020（11）：89-90.

5. 李春桃. 心理测验研究的价值与意义［J］. 大众心理学，2018（10）：44-45.

6. 邱再洁. 心理学对人力资源管理的指导［J］. 科技风，2014（09）：277-278.

7. 邓辉. 建筑企业新员工招聘与培养工作现状与对策［J］. 管理观察，2020（18）：27-31.

8. 高莹鑫，王业军. 人力资源招聘面试中结构化面试设计［J］. 现代营销（经营版），2020（02）：11.

9. 包永强. 结构化面试在招聘中的应用研究［J］. 国际公关，2020（02）：218.

10. 石晓铃. 公务员录用考试中结构化面试现状、问题及对策探索［J］. 人力资源，2019（16）：28-30.

11. 谭玉婷，韦小满. 教育测评视角下科学态度测量工具评述［J］. 内蒙古师范大学学报（教育科学版），2019（11）：43-50.

12. 曾垂凯，时勘. 结构化面试的两种模式［J］. 现代管理科学，2009（07）：9-11.

13. 张保国. 遴选高级人才的首要工具——评价中心［J］. 南开管理评论，2002（04）：48-54.

二、书籍

14. 温新民. 面试操作实务［M］. 西安：西北大学出版社，2011：4.

15. 戴海琦，张锋. 心理与教育测量（第四版）［M］. 广州：暨南大学出版社，2018.

16. 刘永芳. 管理心理学［M］. 北京：高等教育出版社，2010.

17. 易定宏，陈永峰. 无领导小组讨论面试［M］. 北京：京华出版社，2009.

18. 萧鸣政. 人员测评理论与方法［M］. 北京：中国劳动社会保障出版社，2004.

19. 彭聃龄. 普通心理学（第4版）［M］. 北京：北京师范大学出版社，2012.

20. 李超平，王桢，毛凯贤. 管理研究量表手册［M］. 北京：中国人民大学出版社，2016.

后　记

受命承担《面试组织实施与应试指引》一书撰写任务，正值新冠肺炎疫情肆虐，全国人民万众一心、奋力抗疫之时。一场疫情，最见一个人的担当与责任心；一场疫情，让我们更加体会到服从和执行的重要性；一场疫情，让我们看到了站起来及冲出去的精神力量。因此，我们没有推辞的理由，只有夜以继日，在最短的时间内，用我们的精力、体力和积累保质保量地完成编撰任务。

此书在撰写过程中，得到了中国人事出版社相关领导的高度重视和大力支持，人事培训编辑室在选题策划、提纲编写、内容架构等方面给予了精心指导。柴立、郝雅楠、赵红斌、马沛池等同志作了具体策划和校阅修改工作，杨小育、何璐、袁荣、潘丽婷、崔雪、惠小宁等同志参与了修改、打印和校对工作。书后所列参考书目、资料只是其中一部分，还有一部分未能找到作者姓名和原出处，在此深表歉意。在书稿付梓之际，我们对所有关心与支持本书编写的专家、学者、面试组织者和参与谋划、校阅工作的同志表示衷心的感谢！

由于我们水平所限，书中难免有错误和纰漏之处，恳请批评指正。

编　者

2020 年 10 月